Carl Friedrich Haug

Mittheilungen aus seinem Leben und aus seinem Nachlasse

Für die Verwandten und Freunde als Manuskript gedruckt

Carl Friedrich Haug

Mittheilungen aus seinem Leben und aus seinem Nachlasse
Für die Verwandten und Freunde als Manuskript gedruckt

ISBN/EAN: 9783743608733

Hergestellt in Europa, USA, Kanada, Australien, Japan

Cover: Foto ©ninafisch / pixelio.de

Manufactured and distributed by brebook publishing software (www.brebook.com)

Carl Friedrich Haug

Mittheilungen aus seinem Leben und aus seinem Nachlasse

Carl Friedrich Haug.

Mittheilungen

aus seinem Leben und aus seinem Nachlasse,

für die Verwandten und Freunde

als Manuskript gedruckt.

Stuttgart.
Druck der J. B. Metzler'schen Buchdruckerei.
1869.

I.

Mittheilungen aus dem Leben Haug's.

Wir wissen, daß wir nicht gegen den Sinn des Mannes handeln, dessen Gedächtnisse diese Blätter gewidmet sein sollen, wenn wir es versuchen, mit vorzugsweiser Benützung der von ihm selbst gemachten kurzen Aufzeichnungen, einiges Nähere über den Gang seines Lebens für den engeren Kreis der Verwandten und Freunde in dem Folgenden mitzutheilen.

Sein Vater war Johann Friedrich Gottlob Haug, ein Zögling der hohen Karlsschule und zur Zeit der Geburt des Sohnes Hofmechanikus und Hofuhrmacher in Stuttgart. Zwei Jahre darauf (1797) ist derselbe bei dem mittleren Gymnasium dort und der mit diesem damals noch verbundenen Realschule als Präceptor eingetreten. Von da an bleibt sein Name 40 Jahre hindurch mit den gewerblichen Unterrichtsanstalten Württembergs verflochten; er folgt 1818 als Hauptlehrer mit dem Titel eines Professors der jetzt von dem Gymnasium losgetrennten Realschule und später, 1833, ebenso der von der Realschule sich abscheidenden höheren Gewerbeschule, bei welcher er längere Zeit die Stelle eines Vorstands provisorisch bekleidet. Nebenher gingen andere Lehraufträge bei dem Kadetteninstitut, der Forstschule und der Sonntagsschule, sowie die Besorgung eines technischen Referats über die Landesvermessung in dem Steuerkollegium. Von Vielen geschätzt, hochverehrt namentlich von seinen Schülern, die ihm heute noch ein dankbares Andenken bewahren, zog er sich 1838 in den Ruhestand zurück, übrigens auch jetzt nicht unthätig, sondern wieder dem Berufe seiner Jugend folgend mit mechanischen Arbeiten, insbesondere mit Arbeiten an der berühmten Hahn'schen Uhr beschäftigt. Er war zweimal verheirathet: zuerst mit Juliane Luise, einer Tochter des Kammerraths Friedrich August Märklin, sodann, nachdem der Tod der Gattin am 27. Mai 1823 die mit 13 Kindern gesegnete Ehe getrennt hatte, 1825 mit Wilhelmine Jakobine, einer Schwester der ersten Gattin. Die zweite Ehe blieb kinderlos. Friedrich Haug, der Vater, starb im 81sten Lebensjahr, am 10. Januar 1850. Die Wittwe überlebte ihn nur wenige Jahre.

Der älteste Sohn von diesem Friedrich Haug nun war unser Karl Christoph Friedrich Ludwig Haug, der zu Stuttgart am 27. Januar 1795 geboren wurde.

Den ersten Unterricht erhielt Karl Friedrich — nur diese zwei Namen führte er selbst auf seinen Schriften an — in den unteren Classen des Stuttgarter Gymnasiums. Schon im Herbst 1808 aber mußte er, obgleich seine Gesundheit keine feste war, das elterliche Haus verlassen und, seiner Bestimmung zum Studium der Theologie entsprechend, in das niedere Seminar zu Denkendorf eintreten, aus welchem er zwei Jahre später in das Seminar zu Maulbronn übersiedelte. Dem theologischen Stift in Tübingen gehörte er darauf vom Oktober 1812 bis zum Frühjahr 1817 an und erlangte während dieser Zeit am 21. September 1814, wie es damals die Sitte forderte, nach vorangegangener Disputation den Grad eines Magister. An das Zusammenleben mit einer größeren Zahl von gleichgestimmten Alters- und Studiengenossen in den Seminarien hat Haug immer mit Liebe zurückgedacht; ein schöner Freundschaftsbund war dort geschlossen worden, zu dem auf der Universität noch weitere Glieder sich hinzugesellten. Von den Freunden ist besonders zu nennen Cleß, der Primus der Promotion, nach welchem die letztere heute noch bezeichnet wird, dann Emil Elben, später der Schwager beider, und der Namensvetter Haug, der, zuletzt Pfarrer in Degerschlacht, jetzt als Pensionär in Stuttgart lebt. Zum Bunde gehörte ferner Karl Pfaff, der schwäbische Historiker, und als von 1859 an die ergrauten Compromotionalen alljährlich zur Erinnerungsfeier sich versammelten, fehlte dabei, so lange er noch lebte, auch Friedrich Römer nicht, der württembergische Märzminister, welcher vor seinem Uebertritt zur Rechtswissenschaft der Promotion gleichfalls angehört hatte.

Am 11. Juni 1817 ist Haug auf dem Wege nach Holstein. Er

hat am 6. Juni zu Stuttgart seine Examinalpredigt gehalten und soll jetzt bei den Söhnen des Dänischen Kammerherrn von Buchwald zu Seedorf die Stelle eines Hofmeisters übernehmen. Die Reise geht über Neuenstadt und Gundelsheim, meist zu Fuß, nach Heidelberg. Dort wird Paulus besucht, ein Gang aufs Schloß gemacht, die Ruine, die Gegend, die Aussicht bewundert. Am 17. Juni ist, über Darmstadt, Frankfurt erreicht, die erste größere Stadt, welche der junge Reisende zu sehen bekommt und die denn auch nicht verfehlt, einen bleibenden Eindruck auf ihn hervorzubringen. Er schreibt darüber: „von allem, was ich seither gesehen habe, setze ich doch nichts über diese Stadt." Mit einem Berliner Kutscher wird wegen der weiteren Fahrt bis Braunschweig accordirt und unterwegs nun in Marburg, dessen Lage an Tübingen Erinnerungen weckt, das Schloß und die herrliche Elisabethenkirche gründlich besichtigt, Kassel im Flug mitgenommen und in Göttingen bei den Landsleuten, dem Bibliothekar Reuß, dem Kirchen-Historiker Planck und dem Theologen Stäublin vorgesprochen, mit denen sofort über die damals schwebende württembergische Verfassungsangelegenheit eine Unterhaltung sich entspinnt. Von Braunschweig gelangt unser Reisender mit dem Postwagen bis Hamburg und von da endlich am 29. Juni, 18 Tage nach dem Abgang von Hause, an den Ort seiner Bestimmung.

Die Buchwald'sche Familie bestand aus dem Kammerherrn, dessen zwei Söhnen und einer Tochter und wohnte abwechslungsweise in Seedorf (nahe bei dem Plöner See) und in dem 2 Meilen davon entfernten Pronsdorf. Der erstere Ort war in Schlamersdorf eingepfarrt, dessen Kanzel der württembergische Hofmeister einige Mal besteigen durfte. In dem benachbarten Kiel, das Haug öfter besuchen kann, öffnen sich ihm die Häuser des Professors der Naturwissenschaften Pfaff, eines geborenen Stuttgarters, und eines Kaufmann Brauer, dessen Frau gleichfalls eine Württembergerin. Bei einem Ausfluge nach Lübeck sind Haugs Begleiter die auf Besuch gekommenen Universitätsfreunde Cleß und Kapff (letzterer 1844 als Oberstudienrath in Stuttgart gestorben).

Im Ganzen dauert der Aufenthalt in Holstein gerade 2 Jahre. Am 4. Juli 1819 ist Haug wieder auf der Heimreise.

Seine erste Predigt hatte er am Ostermontag 1815 zu Stetten gehalten und nachher an verschiedenen Orten weiter als Kanzelredner sich versucht. Kurz nach der Rückkehr aus Holstein, am 1. August 1819, predigt er zu Heslach. Im gleichen Monat übernimmt er sein erstes Vikariat bei dem bejahrten Geistlichen zu Gündelbach im Oberamt Maulbronn. Obgleich er an diesem Orte nur ein kurzes Vierteljahr hatte wirken dürfen, war ihm doch das Vertrauen und die Liebe seiner Gemeinde in dem Grade zu Theil geworden, daß dieselbe bei der Oberkirchenbehörde nicht allein um seine längere Belassung auf dem Vikariat, sondern nach dem ein Jahr später erfolgten Tode des Ortsgeistlichen auch um die Uebertragung der Pfarrei an ihn ernstlich sich verwendet hat. Auch ein zweites Vikariat in Welzheim war von kurzer Dauer. Am 1. December 1819 schon wird Haug zum Repetenten bei dem theologischen Seminar in Tübingen ernannt und tritt diese Stelle, wieder mit Wohnung im Stift, am 3. Februar 1820 an. Auch in dieser Stellung hatte Haug noch einige Mal zu predigen. Seine letzte Predigt ist am 24. September gleichen Jahrs notirt.

Inzwischen hatte sich für ihn zu Tübingen, welches von jetzt an seine Heimath bleiben sollte, ein anderer Lebensberuf gefunden.

Wenige Monate nach der Uebernahme der Repetentenstelle war durch Kanzler Autenrieth an Haug die Anfrage gelangt, ob er geneigt wäre, an der Universität den Lehrvortrag über die Geschichte zu übernehmen. Nach kurzem Bedenken hatte er zugesagt und war in Folge dessen, ohne übrigens vorerst aus seiner Stellung ganz auszuscheiden oder das ihm am 3. März übertragene Nebenamt eines Stiftsbibliothekars aufgeben zu müssen, am 4. Mai von der ferneren Besorgung der Repetentengeschäfte entbunden worden. Der Ruf selbst traf Haug zwar überraschend, aber nicht unvorbereitet. Schon während seiner Studienjahre hatte er mit Vorliebe der Geschichte sich zugewandt. Die noch vorhandenen Briefe über die Reise nach Holstein zeigen reifere historische Kenntnisse und einen offenen Sinn für die Beobachtung der Verschiedenheiten in den Kulturverhältnissen der von ihm durchwanderten Länder; er entscheidet sich für die Reise über Braunschweig, weil ihm dieses „in historischer Hinsicht viel wichtiger war als Hannover." Auch der Vater seiner Zöglinge legt Zeugniß für ihn ab, wenn er am 5. Juli 1820 ihm schreibt: „Es freuet mich sehr, daß Sie die Vorlesungen über die Weltgeschichte übernommen haben. Ich glaube Sie da mitten in Ihrem Haupt- und Lieblingsfach. Sie müssen sich erinnern, mit welchem Vergnügen ich Ihren Vorträgen über die Geschichte immer zuhörte, und vor dem größten und besten Auditorio muß Ihnen der Vortrag derselben doppelt angenehm und belohnend sein. An aufmerksamen Zuhörern kann es Ihnen nicht fehlen."

Was Herr von Buchwald hier vorhergesagt hat, ist schnell in viel höherem Maße eingetroffen, als die Bescheidenheit Haug's zu hoffen gewagt. Als derselbe am 30. Oktober 1820, wie er in späteren Jahren erzählt hat, mit bangem Herzklopfen in den Hörsaal eintrat, sah er ein außerordentlich zahlreiches Auditorium vor sich; 64 Zuhörer blieben ihm in seiner Vorlesung über alte Geschichte das ganze Semester hindurch getreu und bethätigten ihm zum Schluß durch das Geschenk eines werthvollen Geschichtswerks ihre Anerkennung und ihren Dank. Auf dies hin habilitirte sich Haug im Frühjahr 1821 förmlich als Privatdocent und erhielt schon am 20. September gleichen Jahres seine Anstellung als außerordentlicher Professor der Geschichte, nachdem im Juni ein Ruf nach Dorpat gezeigt hatte, daß man auch im Auslande auf den neuen Historiker aufmerksam geworden war.

Am 27. Oktober verließ Haug die Wohnung im Stift zum zweitenmal und jetzt für immer.

— — —

Ein neuer Abschnitt seines Lebens begann.

Zunächst wurde ihm das Glück zu Theil in Johanne Charlotte Reuß eine Gattin zu finden. Sie war die hinterlassene Tochter des im Jahr 1811 zu Neckarsulm gestorbenen Stadt- und Amtsschreibers Johann Conrad Gottlob Reuß und hatte, nach dem im Jahr 1814 gleichfalls erfolgten Tode ihrer Mutter Elisabethe Rosine, in Tübingen bei der Großmutter, Frau Bürgermeister Bossert, eine neue Heimath gefunden. Am 10. November 1821 gibt sie Haug das Jawort und zwei Jahre nachher, am 7. Oktober 1823, führt dieser die im 19. Lebensjahre stehende Braut heim. Die Tübinger Verwandten der letzteren kamen den Neuvermählten aufs Freundlichste entgegen. Namentlich der Oheim Kaufmann Christian Bossert und dessen Gattin Luise bewahrten Haug ihre Theilnahme auch später und bis an ihr Ende, nachdem sich das Grab längst über der Nichte geschlossen hatte. Dem Verfasser dieser Zeilen schrieb Haug noch am 16. Juli 1863 über den ihm sehr nahegehenden Tod der Frau Luise Bossert: "eine treffliche Frau, voll Liebe und Demuth, seit mehr als 50 Jahren mir befreundet —

voll Wohlwollen und auch hilfreicher Theilnahme gegen die Meinigen." — Lotte Haug scheint eine Frau von vielseitiger Bildung, von feinem Gefühl und tiefem Gemüth gewesen zu sein. Dies zeigt ihr noch vorhandenes Tagebuch und die von ihr verfaßte Beschreibung einer Reise, welche sie mit dem Gatten im Juli 1825 in die Schweiz gemacht hat (über Freiburg i. Br. und Basel nach dem Berner Oberland und von da über den Rigi zurück). Auf dieser Reise ist sie noch die rüstigere, während Haug viel mit einem kranken Auge zu schaffen hat. Schon im Jahr 1826 aber wird für sie eine Badekur nöthig und am 20. December 1828 erliegt die zarte Frau ihren längeren Leiden, nachdem sie am 15. December ein Mädchen geboren hatte, das den Tag seiner Geburt nicht überleben sollte.

Der angehende Universitätslehrer hatte auch in den Jahren des Brautstandes und der Ehe seinem Berufe die volle Arbeitskraft nicht entzogen. Gerade in diese Zeit fällt die erste sorgfältige Ausarbeitung der Manuskripte für die Vorlesungen über Universalgeschichte, neueste Geschichte und deutsche Geschichte; fällt auch die akademische Antrittsrede (18. Mai 1826) »de profectu generis humani per historiam demonstrando« (über den Fortschritt des Menschengeschlechts, wie solcher durch die Geschichte nachweisbar ist), in welcher wir schon dem Grundgedanken der entscheidenden Bedeutung des Christenthums und der christlichen Idee für die Universalgeschichte andeutungsweise begegnen*. In der weiteren Vertiefung in historische Studien und Arbeiten scheint jetzt der früh Verwittwete auch ein Vergessen für den großen Seelenschmerz gesucht zu haben, den ihm der Verlust der Gattin bereitet hat. Auf einer gründlichen Durchforschung der Quellen beruht die Rede »de Sancto Georgio

---

* Zu vergl. die allgemeine Geschichte S. 32 ff. Der Schluß der Rede lautet: Equidem, cum primum hunc ad coetum virorum amplissimorum et doctissimorum adquo hanc studiorum matrem prosperrimam, historiae causa docendae, accederem, hoc toto ex animo vovi et mihi proposui, ut omnes meas, quae quantulae sint sentio, vires ad hoc, quod mihi demandatum erat, munus ita conferrem, ut non veritatem tantum sanctissime colerem et sectarer, sed pietatis quoque et humanitatis, sine quibus doctrinam nullam esse existimo, per ipsam historiam enutriendae maximum esse momentum ducerem.

Nunc vero vestrae benevolentiae et amicitiae, quas dudum habeo comprobatas, ea qua par est referentia ita me commendo, ut si unquam ab illo meo proposito defecerim, tum illis me habeatis indignum.

equites« (über den heiligen Ritter Georg, den Schutzpatron Schwabens und Tübingens), welche er nach seiner Beförderung zum ordentlichen Professor (20. Juli 1829) aus Anlaß des Eintritts in den akademischen Senat am 14. Januar 1830 zu halten hatte. Längere Untersuchungen müssen einer am 10. Februar 1830 vollendeten, im Manuskript hinterlassenen Geschichte von Entringen, Schloß und Flecken, welche dem damaligen Ortsgeistlichen, Pfarrer M. Bossert, als Zeichen der Verehrung gewidmet ist, sowie dem Universitätsprogramm: „über die älteste Grafschaft Wirtenberg als Gaugrafschaft"* vorhergegangen sein, welch letzteres er neben der Festrede „über Patriotismus bei den neueren Völkern" auf den Königlichen Geburtstag am 27. September 1831 ausgearbeitet hat**. Und außerdem konnte er bald nach dem Tode der Gattin zwei neue Vorlesungen ankündigen und durchführen: über württembergische Geschichte (1830) und über die Geschichte der politischen Entwicklung bei den neueren Völkern (1832).

Die Vorlesungen Haug's gehörten um diese Zeit zu den beliebtesten Kollegien der Universität***. Während sein Vorgänger auf dem Lehrstuhl der Geschichte, Christ. Friedr. Rösler, durch einen lebendigen, witzigen Vortrag zwar vielen Beifall hatte, aber zu viele Anekdoten erzählte, das Großartige in der Entwicklung verkannte und das ganze menschliche Interesse auf kleine Leidenschaften zurückführte†, waren es bei Haug „nun doch einmal nicht bloße Namen und Jahrszahlen, hier war Idee, Begeisterung und auch, den eintönig singenden Vortrag abgerechnet, eine geschmackvolle Form"††. Ludwig Bauer, später Lehrer der Geschichte am Stuttgarter Gymnasium, fühlte in den Jahren

---

* Das Ergebniß seiner Untersuchung faßt Haug am Schluß des Programms dahin zusammen: aller Wahrscheinlichkeit nach ist Wirtenberg nicht atomistisch entstanden durch allmäligen Erwerb hin und wieder zerstreuter Güter, sondern gleich Anfangs bildete ein organisches Ganzes in sehr bestimmten Grenzen einen tüchtigen Grundstock; seine Regenten waren nicht blos Dynasten, uneigentlich geschmückt mit dem Grafentitel, sondern wahre und ächte Grafen des teutschen Reichs, — nicht blos Herren einer Anzahl von Leibeigenen und Dienstleuten, sondern die Vorsteher einer freien Volksgemeinde.

** Die beiden Reden und die Geschichte von Entringen sind hienach abgedruckt.
*** Klüpfel in der Beschreibung des Oberamts Tübingen 1867, S. 299.
† Klüpfel a. a. O. S. 291 und Geschichte der Universität Tübingen, S. 211.
†† Strauß, — Christian Märklin, ein Lebens- und Charakterbild aus der Gegenwart. 1851. S. 32.

1821—25 mit andern Freunden durch die Haug'schen Vorlesungen sich so angezogen, daß er dieselben zweimal vollständig hörte und auch nachher noch, so oft er konnte, besuchte*. Strauß, welcher der Hochschule von 1825—30 angehört hat, nennt die Geschichtsstunde um 9 Uhr Vormittags eine Erholungsstunde, ein wahres Labsal**. Eine weitere Stimme spricht sich im Jahr 1841 in den Berliner Jahrbüchern für wissenschaftliche Kritik aus, wie folgt: „Im Vaterlande des Referenten bewahren viele unter den schönsten Erinnerungen an ihr akademisches Leben den erhebenden Eindruck, den sie aus Haug's Vorlesungen über Universalgeschichte davontrugen, und wer auch später anderen Auffassungen der Historie sich zuwandte, wird doch von der Liebe, die er jetzt seinen Studien widmet, gerne bekennen, daß sie in jener Schule entweder erst in ihm geweckt, oder doch gestärkt, erleuchtet und versittlicht wurde. Denn, wenn bereits in den ersten Stunden, die sonst fast immer zu den mühseligsten und unerquicklichsten gehören, des Lehrers eigene Begeisterung ihm

— aus der Seele bringt,
und mit urkräftigem Behagen
die Herzen aller Hörer zwingt,

wenn diese Theilnahme im weitern Verlaufe nur wächst, namentlich durch die außerordentliche Anmuth und Rundung der Sprache rege gehalten wird, so wird doch nicht minder, als dieses ästhetische Wohlgefallen, das sittliche Bewußtsein angesprochen, und indem die historischen Gestalten an ihm vorübergeführt werden, zu ernster Reflexion in sich selbst gestimmt. Für jugendlich frische und freie Gemüther wüßten wir nicht, wie die Historie anziehender und belebender vorgetragen werden könnte." Auch in der württembergischen Ständeversammlung, in der Sitzung der Kammer der Abgeordneten vom 26. Mai 1836, kommen die Haug'schen Vorlesungen über Universalgeschichte zur Sprache und ist es kein geringerer als Ludwig Uhland, welcher dem Geist, in dem sie gehalten werden, Anerkennung zollt und bezeugt, daß sie mit Beifall gelesen, sehr häufig und nicht blos von solchen besucht werden, die als Seminaristen dahin gehen müssen.

---

* Lebensabriß vor der Auswahl seiner Schriften, S. 9.
** A. a. O. S. 33, 32.

Es ist hier vielleicht der geeignetste Ort, um zu erwähnen, daß nicht bloß die Seminaristen, d. h. die Angehörigen des evangelisch-theologischen Stifts, sondern auch die Convictoren, die Zöglinge des katholisch-theologischen Seminars, mit vorübergehenden kurzen Unterbrechungen, Haug gehört haben, außerdem aber auch immer Studirende der andern Fakultäten unter seine Schüler zählten.

Rückblickend auf seine Lehrthätigkeit äußerte Haug wenige Wochen vor seinem Tode gegen den Verfasser dieser Zeilen, er habe sich die griechischen Historiker, einen Herodot und Thukydides, zum Vorbild genommen und sich bemüht, die Geschichte einfach wahr und möglichst objektiv vorzutragen. Wohl haben ihn selbst dabei Ideale geleitet* und sei es ihm vielleicht eben deßhalb leicht geworden, für den Vortrag die rechte gefällige Form zu finden. Er habe aber in jener Periode noch streng vermeiden zu müssen geglaubt, in die Geschichte weitere Beziehungen, namentlich Beziehungen auf die Gegenwart einzuweben, da er vielmehr gehofft, die Schüler werden die Nutzanwendung aus der Vergangenheit sich schon zu ziehen wissen. Der sichtliche Beifall seiner Zuhörer habe ihn getragen, er habe in regem Verkehr mit denselben fortgelebt.

Weniger erquicklich und befriedigend als der Katheder mögen dagegen damals für Haug die sonstigen amtlichen Verhältnisse gewesen sein. Der Eintritt in den akademischen Senat geschah in dem Augenblick großer Kämpfe um die Verfassung der Universität, welche auch über die Grenzen des engeren Vaterlandes hinaus Interesse und Theilnahme gefunden hatten.

Am 18. Januar 1829 war ein neues Universitätsstatut gegeben worden, welches unter anderem die Rektorstelle aufhob, den Senat wie die Fakultäten mehr bureaukratisch gestaltete und unter bleibende Vorstände stellte. Die große Mehrzahl der Universitätsangehörigen bekämpfte die neue Einrichtung, welche die Regierung, auch in der Ständeversammlung und von auswärtigen Universitäten her deshalb angefochten, schließlich nicht durchweg aufrecht halten konnte, wie sie denn insbesondere den Rektor im Jahr 1831 in der Weise zugestanden hat, daß derselbe aus drei Wahlvorschlägen des Senats vom König je für die Dauer eines Jahres ernannt werden solle**. In wie weit Haug an diesen Kämpfen noch

---

* Zu vergl. die allgemeine Geschichte, S. 40.
** Klüpfel, Geschichte der Universität Tübingen, S. 352. Derselbe, in der Beschreibung des Oberamts Tübingen, S. 294.

unmittelbar sich betheiligt hat, ist uns nicht bekannt geworden. Ohne Zweifel zählte er mit seinem Jugendfreunde, dem Professor und Doctor der Theologie Schmid, zu der Partei der sog. Leidenschaftslosen, welche ohne die extreme Haltung der eigentlichen Opposition im Senat zu theilen, darum nicht minder entschieden für die Interessen ihrer Corporation eingetreten sind. Die freisinnige Richtung der Lehrvorträge Haug's war bekannt und hatte in den akademischen Kreisen Anklang gefunden. Um so weniger wurde ihr der Beifall der damaligen Regierung, namentlich des Ministeriums Schlayer zu Theil. Darf es gewiß als ein Beweis für die Anerkennung der Kollegen angeführt werden, daß Haug's Name schon acht Jahre nach seinem Eintritt in den Senat in die Wahlvorschläge für das Rektorat Aufnahme gefunden hat und im Jahre 1842 hiefür an erster Stelle genannt worden ist, so erscheint es auf der andern Seite für die Gesinnung der Regierung gegen ihn nicht minder bezeichnend, daß bei der Ernennung des Rektors damals von seiner Person fortgesetzt Umgang genommen wurde. Und vielleicht war es der politischen Mißliebigkeit mit zuzuschreiben, daß man ihm bis zum Jahr 1841 das Recht vorenthalten hat, für seine Hauptvorlesung, die Universalgeschichte, von den Zuhörern ein Honorar anzunehmen — weil er ja verpflichtet sei, eine Vorlesung publice zu halten*.

Wir sind Haug in die Studierstube gefolgt, haben ihn in die Vorlesungen und an die Thüren des Senatszimmers begleitet und kehren jetzt mit ihm an den häuslichen Heerd zurück. Dort waltete seit 1829 als die Leiterin des Haushaltes des Wittwers die Schwester Mathilde, nachmals, 1837, Gattin des Kameralverwalters Keller in Waiblingen. Auch der Bruder Ferdinand, welcher seit Herbst 1825 auf der Universität sich befand, verkehrte wohl damals, wie später von 1833—35 als Repetent, viel in dem Hause des älteren Bruders, wenn er auch seine Wohnung im theologischen Stift gehabt hat. Einige gesellige Anregung bot das theologische Kränzchen, das mit den Collegen namentlich der evangelisch-theologischen Fakultät und den Geistlichen der Stadt gehalten wurde. Im Spätsommer 1830 macht Haug mit der Schwester eine kleine Reise nach Baden und Straßburg, nachdem er zuvor 14 Tage in dem Bad Niedernau zugebracht und Erholung gesucht hat. Sonst haben wir aus seinem damaligen häuslichen Leben nur noch den Auf-

---

* Sitzung der Kammer der Abgeordneten vom 26. Mai 1836.

enthält von Leopold Conradi bei ihm als bemerkenswerth zu erwähnen, der in Tübingen seine Studien machte und von Ostern 1831—32 Haug's Haus- und Tischgenosse gewesen ist. Durch ihn zuerst kommt letzterer in Beziehungen zu der Familie Conradi in Stuttgart, welche bald die innigsten werden sollten. Er verlobt sich am 9. Oktober 1832 mit einer Tochter des Hauses, Theophanie, und am Lichtmeßfeiertage des folgenden Jahres wird die Ehe eingesegnet.

Haug hatte das neununddreißigste Lebensjahr angetreten.

Die größere Hälfte des ihm beschiedenen Lebens lag hinter ihm.

Eine schöne Zeit mit viel Segen und mit vielem Glück sollte für die Gattin und für ihn in dieser Ehe anbrechen, welche mehr als 36 Jahre, fast die zweite Hälfte seines Lebens, ausgefüllt hat.

— — —

Wir können in derselben die drei Perioden unterscheiden: vom Frühjahr 1833 bis zum Sommer 1851, von da bis zum Eintritt in den Ruhestand im Herbst 1860 und vom Herbst 1860 bis zum Frühjahr 1869.

Zunächst öffnete sich für Haug ein neuer großer Familienkreis. Die Schwiegereltern waren Kaufmann Leopold Conradi und Luise, eine geborene Feuerlein, Schwester des Gründers des Handlungshauses Karl Feuerlein, welcher Firma seit des Letzteren Tode im Jahr 1811 Conradi vorstand. Von deren zwölf Kindern war Theophanie das sechste, im Alter am nächsten dem um ein Jahr älteren Bruder Leopold, von dem als einem Hausgenossen Haug's vorhin die Rede gewesen ist. Als dem Gatten von Luise, der erstgeborenen der Schwägerinnen, begegnen wir wieder dem weiter oben gleichfalls schon genannten Emil Elben, dem Universitätsfreunde Haug's. Zwei andere Schwägerinnen noch traf dieser bei seinem Eintritt in die Familie bereits verheirathet. Und weiter und weiter wurde in den folgenden Jahren der Kreis, als in demselben von den Kindern nach und nach immer mehr an der Seite der Gatten ihrer Wahl erscheinen konnten; — bis am 14. Februar 1839 der Vater, erst 63 Jahre alt, starb und mit ihm, dem Haupte, das erste Glied aus dem reichen Familienkreise für dieses Leben ausgeschieden ist.

Auch in seinem engeren Daheim sollte das Haug'sche Ehepaar nicht lange allein bleiben. Am 21. November 1833 wurde das erste Kind, Lotte, geboren, auf welche im Laufe der nächsten achtzehn Jahre noch acht Schwestern und ein Bruder gefolgt sind. Bald fand sich die Gelegenheit, ein eigenes Haus zu erwerben, oben an der Burgsteig mit freiem Blick in das Neckarthal und auf die schwäbische Alb, welches am 1. August 1835 bezogen, jedoch schon an Ostern 1838 wieder verlassen worden ist, nachdem Haug in seiner Eigenschaft als erster Verwalter der Hochmann-Klodischen Stiftung in einem für dieselbe neu angelauften Gebäude eine Wohnung eingeräumt erhalten hatte. Daneben entwickelten sich freundliche gesellige Verhältnisse, wozu seit 1838 namentlich ein wissenschaftlicher Kranz mit einer größeren Zahl befreundeter Familien viel beigetragen hat, in welchem die den verschiedenen Wissenszweigen angehörigen Männer abwechslungsweise bald unter sich allein, bald in Gegenwart auch der Frauen durch längere freie Vorträge die Unterhaltung einzuleiten und anzuregen pflegten. Außerdem veranlaßten schon damals einen lebhafteren Verkehr die auf der Universität verweilenden Söhne verwandter und befreundeter Familien, welchen das Haug'sche Haus immer gerne geöffnet war. In den Ferien endlich übersiedelte meist die ganze Familie nach Stuttgart, wo Alt und Jung sicher war, in den beiden großelterlichen Häusern stets die herzlichste Aufnahme zu finden.

In den akademischen Kreisen Tübingens begann um die Zeit der zweiten Verheirathung Haug's die Hegel'sche Philosophie Epoche zu machen. David Friedrich Strauß hatte dieselbe im Jahr 1832 zuerst mit außerordentlichem Erfolg vorgetragen, Friedrich Vischer, welcher der gleichen Richtung angehörte, wenige Jahre später, 1836, sich dort als Privatdocent niedergelassen, — bei dem großen Interesse, das durch sie die von ihnen vertretenen Lehren bei der studirenden Jugend gewannen, ist es erklärlich, daß jetzt andere allgemein bildende Fächer dagegen mehr zurückstehen mußten. Auch die Haug'schen Vorlesungen hatten hierunter zu leiden, die Zuhörerzahlen in der Universalgeschichte, früher über 100, sanken vorübergehend bis auf 50. Haug selbst hatte nicht versäumt, sich lange gleichfalls mit Hegel eingehend zu beschäftigen. Das schließliche Ergebniß seiner Studien ist aber gewesen, daß er gegen ihn und namentlich gegen seine Auffassung der Geschichte glaubte entschieden Stellung nehmen zu müssen. Damit trat er schon vom Katheder aus gegen die damals die Universität mehr und mehr beherrschende Richtung in offenen Widerspruch.

Es sollte auch mit der Feder geschehen. Einem von vielen Seiten, namentlich auch von seinen zahlreichen Zuhörern wiederholt an ihn gerichteten Wunsche entsprechend, hatte Haug sich entschlossen, die Allgemeine Weltgeschichte in einem auf sechs Bände berechneten Werk für den Druck zu bearbeiten und sie damit einem größeren Publikum zugänglich zu machen.

In der Einleitung dieses Werks, welche in dem zu Ende Oktobers 1840 vollendeten ersten Hefte enthalten ist, wird Seite 21 der Hegel'schen Schule entgegengerufen: „Es ist nicht Sache der Geschichte, abenteuerlich sich in den Dienst eines zumal selbst noch im Kampf begriffenen Systems zu begeben, wobei die Gefahr zu irren und demjenigen, was ihr das Unverletzlichste sein muß, den Thatsachen, Gewalt anzuthun, unvermeidlich ist, solange es für den Unbefangenen wenigstens den Anschein nicht hat, als wäre die vollkommene Philosophie gefunden. Die Geschichte wie die Philosophie hat ihre, durch ihren Begriff und durch das Maß des menschlichen Vermögens ihr gesetzte Schranke, die sie, ohne auszuarten, nicht überschreiten darf."

Die Aufgabe dieser Blätter hieße es verkennen, wenn wir die hier berührten Streitfragen, welche wohl längst ausgetragen sind, weiter verfolgen wollten. Für den Verfasser des Lebensbildes würde auch eine solche Erörterung an sich schon zu weit abliegen. Nur wenige Sätze aus der „Einleitung" mögen dagegen hier eine Stelle finden, um darzuthun, was Haug selbst unter der Allgemeinen Geschichte, unter der Universalgeschichte verstanden wissen wollte. Ihm war sie die Entwicklungsgeschichte der Menschheit (S. 30). Ihre Aufgabe soll sein, das Fortschreiten der Menschheit, nicht nur in Civilisation und Cultur, welche selbst nur Produkte sind, sondern mehr noch ihre innere Entwicklung, das successive Hervortreten der verschiedenen Geisteskräfte und Richtungen, in welchen ihr Wesen zur Offenbarung kommt, in dem innern und äußern Zusammenhange des Völkerlebens zu zeigen. Die wichtigsten werden ihr demnach diejenigen Völker sein, in welchen der eigentliche Geist der jedesmaligen Entwicklungsstufe am reinsten und vollständigsten sich ausdrückt (S. 35). Die Geschichte der Entwicklung der Menschheit wird zur Geschichte ihrer Erziehung (S. 37). Der Ring, mit dem sich die Universalgeschichte dem religiösen Bewußtsein anschließt, ist die einfache, gleich dem Aether Alles umfassende und durchdringende Idee einer allgemeinen, allerdings gerade in den wichtigsten Angelegenheiten der Menschheit am sichtbarsten sich bewährenden göttlichen Vorsehung (S. 50).

Und in dieser Beziehung — wird fortgefahren — ist die biblische Geschichte als der Urtypus, als das Vorbild und der Schlüssel aller Geschichte von der höchsten historischen Bedeutung. Nirgends erscheinen neben strenger innerer Einheit und Gesetzmäßigkeit der Entwicklung die göttlichen Führungen in hellerem Lichte als in den außerordentlichen Schicksalen des jüdischen Volkes und in der stufenweisen Vorbereitung auf seine große welthistorische Bestimmung. Der Moment, wo diese in überraschender Klarheit sich enthüllt, die bisher abgesondert fortlaufende Geschichte des Volkes in den allgemeinen Entwicklungsgang eingreift, die Idee, die es bisher in engem Kreise gepflegt, nun ihrer nationalen Schranke entledigt, zur Idee der Menschheit wird, ist unstreitig der größte Moment der Weltgeschichte, das Christenthum ihre wichtigste Thatsache, Christus selbst als das reinste Bild der verklärten Menschheit in ihrer tiefsten Beziehung ihre erhabenste Erscheinung, und schon seiner Stellung nach auf der Grenzscheide der Zeiten der Brennpunkt aller ihrer Radien. Die reifste Frucht der alten Zeit, deren sämmtliche Begebenheiten in ihm sich zusammenschließen, ist er der Same eines neuen Weltalters geworden, die tiefste Quelle seines geistigen Wesens. Wie jene die Zeit der Vorbereitung auf das Christenthum, so ist dieses die Zeit seiner Entfaltung, des stillen Wirkens in allen Sphären des Lebens, der allmählichen Durchdringung und Umgestaltung von Staat, Kunst, Wissenschaft — eine Zeit, die sich zu der vollkommeneren Offenbarung seiner inneren Herrlichkeit in einem auf Wahrheit, Sittlichkeit und Frieden gegründeten allgemeinen Völkervereine, den das Christenthum als das Ziel der Weltgeschichte auf das Ende der Tage verheißt, auf ähnliche Weise verhalten würde, wie das Alterthum zu der Erscheinung Christi.

So wird für Haug schließlich „die christliche Idee, von welcher die Universalgeschichte ihre höhere Weihe empfängt," von erheblichem Gewinn auch für ihre Form (S. 51).

An die Einleitung reiht sich die Urgeschichte an, „bei der es nicht sowohl um Zusammenstellung dessen zu thun war, was sich über die vorhistorische Zeit etwa erforschen läßt, als um die Gewinnung einer allgemeinen Grundlage für die Geschichte der einzelnen Völker der ersten Periode" (S. 126); die sich also zunächst befaßt mit der Geschichte der Erde, mit der Urheimath des Menschengeschlechts, mit dem Alter und der Einheit des letzteren, dem Urzustande der Menschen, den Kulturanfängen, der Sprache, mit der Entstehung der Familien, Geschlechter, Stämme, Völker, Staaten, endlich mit der Religion und den Anfängen des Priesterthums.

Leider ist die „Allgemeine Geschichte" Haug's nicht über die ältesten Kulturvölker hinausgediehen. Nachdem der vierte Bogen des dritten Heftes gedruckt war, nach der Geschichte der Chinesen und Indier eben mit der der Aegypter beginnend, gerieth die Arbeit ins Stocken und wurde im Mai 1842, wir glauben sagen zu dürfen zum großen Bedauern Vieler, ganz abgebrochen, der Vertrag mit dem Verleger nicht ohne Opfer gelöst. Haug war um jene Zeit häufig ernstlicher unwohl, widerwärtige Erörterungen mit der Regierung traten aufregend und verstimmend hinzu; ein weiterer Umstand war, daß er vielleicht überhaupt zu spät angefangen hat, für die Oeffentlichkeit zu schreiben, und jetzt mit der größeren Bedächtigkeit des reiferen Mannesalters Inhalt und Form des Mitzutheilenden allzu ängstlich abgewogen hat. Dabei mag ihm dann das etwas ungedulbige, wenn schon erklärliche Drängen des Verlegers nach weiteren Manuskripten die Sache vollends entleidet haben. Es ist diese Wendung in der That um so bedauerlicher gewesen, als von da an jeglicher Versuch vergeblich sich erwiesen hat, ihn zu weiteren literarischen Arbeiten zu bestimmen. Die Herausgabe der Sindelfinger Chronik, einer der ältesten Urkunden für die württembergische Geschichte, bei Gelegenheit der ihm obliegenden Bearbeitung eines akademischen Programms, datirt schon vom Jahr 1836; ebenso gehören kürzere recensirende Abhandlungen in den Münchener Gelehrten Anzeigen der Zeit vor 1840 an.

Unmittelbar bevor die Allgemeine Weltgeschichte in Angriff genommen worden war, hatte Haug im Juli 1839 mit seinem Vater eine Reise nach den Niederlanden zunächst zum Besuch des als Kaufmann in Amsterdam wohnenden Bruders Louis unternommen und dieselbe für sich allein nach Belgien fortgesetzt. Jetzt, in den Monaten September und Oktober 1842, nachdem er von der Last jener Arbeit frei geworden, durchwandert er, begleitet von der Gattin, die italienische Halbinsel.

Auf der ersten Reise war es, neben dem Wiedersehen des Bruders und neben einem zum Schlusse wieder gemeinschaftlich mit dem Vater ausgeführten Besuche bei Verwandten in Crefeld*, die Beobachtung von Land und Leuten, waren es ferner zahlreiche Erinnerungen aus der Geschichte des Mittelalters und mancher Perioden der neuen Zeit, welche das Interesse des Historikers schon auf der Rheinfahrt von Mannheim bis Arnheim, dann in den niederländischen Städten Amsterdam, Leiden, dem Haag und Rotterdam in Anspruch nahmen, sowie in Belgien, wo der Reihe nach Antwerpen, Brügge, Gent, Brüssel, Namur und Lüttich besucht wurden, endlich in der alten deutschen Kaiserstadt Aachen immer von neuem anregten. Und auch die Geschichte der allerneuesten Zeit bot wenigstens dem Württemberger etwas, sofern derselbe im Haag am 17. Juli 1839 zufälliger Zeuge des Einzugs seiner kurz vorher an den Erbprinzen von Oranien vermählten Königstochter, der jetzigen Königin der Niederlande, geworden ist.

Die Aufzeichnungen über die Reise nach Italien sind weniger eingehend und doch weit inhaltreicher. Wir ersehen daraus, daß die Reisenden am siebenten Tage nach dem Aufbruche auf dem Weg über das Wormser Joch Mailand erreicht haben, dort bis zum 16. September geblieben sind und nach einem Besuche in Genua, mit kurzem Aufenthalt in Livorno, der zu einem Ausflug nach Pisa eben noch Zeit läßt, am 20. nach Neapel gelangen. Dieses mit seinen Umgebungen hält sie den Rest des Monats, dann geht es am 1. Oktober über Capua, Molo di Gaeta und Terracina nach Rom, dem die Tage vom 2. bis 15. Oktober gewidmet sind. Auch in Florenz wird noch eine Woche zugebracht und dann über Bologna, Parma, Piacenza, Lodi, Mailand. Como und den Splügen am 1. November die Heimath wieder erreicht. Welche reiche Ausbeute für den Geschichtsforscher deutet schon diese Route, deuten noch mehr die im Tagebuch freilich immer nur mit wenigen Worten erwähnten, im Einzelnen besuchten Stätten an. Pompeji, Bajä, Capua, vollends Rom mit dem zuerst aufgesuchten Forum und Kapitol, mit dem Grabmal der Cäcilia Metella an der Via Appia, mit dem Pantheon, dem Colosseum, den Bädern des Caracalla und vielem Anderen versetzten Haug in das Alterthum, in die Zeiten von Roms Blüthe

---

* Der Wittwe des im September 1838 gestorbenen jüngsten Bruders der Mutter Haug's, August Märklin, Kaufmanns in Crefeld.

und in die von seinem Verfall. Und in der Brera zu Mailand, im Vatikan zu Rom, in den Uffizien zu Florenz, in so vielen von den Reisenden besichtigten Palästen und Kirchen, vor allem in St. Peter — standen sie da nicht wie mitten drinnen in der schönsten Blüthezeit der wiedererwachten Kunst Italiens, in den für Kunst und Wissenschaft so glücklichen Tagen der Mediceer! Die Eindrücke dieser Reise mußten sich von bleibender Nachwirkung erweisen auf die Geschichtsvorlesungen Haug's und namentlich sich geltend machen, als er, wie wir demnächst zu berichten haben werden, in den Fünfziger Jahren zu einer neuen Lehrmethode übergegangen ist, die ihm gestattete, bei einzelnen Zeitabschnitten eingehender zu verweilen.

Zuvor aber haben wir noch die sonstige Wirksamkeit Haug's in seinem Berufe zu erwähnen, welche gerade in den Jahren von 1833 bis 1851, mit denen wir uns bis hieher beschäftigt haben, eine vielseitige gewesen ist. Wir haben schon berührt, daß er Vorstand der Hochmann-Klock'schen Stiftung war, welche in einem eigenen Gebäude einer kleineren Zahl von Stipendiaten Wohnung und freien Tisch gewährt. Diese Funktion hat von 1832 bis zum Frühjahr 1849 gedauert, wo sie von Haug niedergelegt wurde. Einen weiteren Wirkungskreis eröffnete ihm das im Jahr 1838 errichtete Reallehrerseminar, das den Zweck hatte, Lehramtskandidaten des Realfaches Gelegenheit und Mittel zu gewähren, eine höhere wissenschaftliche Bildung zu erwerben, und dessen Leitung ihm übertragen blieb, bis im Jahr 1846 seine Wiederauflösung verfügt wurde[*]. Bei der Concurs-Prüfung für die Aufnahme der Zöglinge des evangelisch-theologischen Stifts wirkte Haug als Examinator mit von 1830 bis 1850, auch wurde er im Jahr 1835 zum Mitglied der Rabbinatsprüfungs-Commission ernannt und sollte im Jahr 1834 mit der Funktion eines Kreis-Schulinspektors (Pädagogarchen) betraut werden, die er aber abgelehnt hat. Als Angehöriger der philosophischen Fakultät und des akademischen Senats an sich schon in Anspruch genommen, wird er wiederholt von der Reihe zum Dekan der ersteren getroffen und viele Jahre hindurch in die Disciplinarkommission oder in den Verwaltungsausschuß gewählt, auch im Jahr 1848 durch die Wahl in die Commission für Universitätsreform berufen. Das letztgenannte Jahr, in welchem er mit Gewissen-

---

[*] Klüpfel, Geschichte der Universität Tübingen, S. 888.

haftigkeit seinen Pflichten als Bürgerwehrmann genügt, scheint endlich die Hindernisse beseitigt zu haben, welche früher seiner Erhebung auf den höchsten akademischen Posten im Wege gestanden sein mochten. Er bekleidet die Stelle eines Rektors der Universität vom Frühjar 1850 bis 1851, in einem Jahre, an dessen Schlusse der eingetretene allgemeine Rückschlag gegen die vorangegangene aufgeregte Zeit auch auf die Universität seinen Schatten geworfen hat, in welcher Hinsicht wir nur daran erinnern, daß die Versetzung des Professors Reyscher zum Rath bei der Kreisregierung in Ulm Ende März 1851 erfolgt ist.

— — —

An einen neuen Lebensabschnitt Haug's treten wir mit dem Sommer 1851 heran. Er steht jetzt im siebenundfünfzigsten Lebensjahr und beginnt mit seinen Kräften zu rechnen. Auf eine literarische Wirksamkeit hat er verzichtet; neuen Nebenämtern, z. B. einer im April 1852 ihm angetragenen Stelle im engeren Inspektorat des evangelisch-theologischen Seminars, weicht er aus; auch der Betheiligung an den Verhandlungen in Fakultät und Senat sucht er, so weit thunlich, mehr und mehr sich zu entziehen; fast seine ganze berufliche Thätigkeit concentrirt sich auf die Vorlesungen. Diese erfordern aber jetzt aufs neue eine volle Kraft.

Man hatte an den Haug'schen Vorlesungen bei aller Anerkennung, welche sie nach Inhalt und Form immer wieder fanden, bis dahin doch das auszustellen gehabt, daß sie aus dem Hefte abgelesen wurden. Auch Strauß berührt an der oben angeführten Stelle des Lebens von Märklin diesen Punkt und fährt dann fort: „Haug sprach wie ein Buch: aber so soll man auf dem Katheder eben nicht sprechen. Seine Perioden waren so rund und glatt, daß sie nirgends fest zu kriegen waren; sie strömten in so gleichmäßigem Wellenschlage dahin, daß sie zu dem einen Ohre hinein, zum andern wieder hinausgiengen und man sich am Schlusse des Semesters verwunderte, wie wenig einem aus den so aufmerksam angehörten Vorträgen geblieben war." Wir wissen nicht, ob das zuletzt Gesagte wirklich dem Eindrucke entspricht, den die Mehrzahl der Zuhörer Haug's aus dessen Vorlesungen, auch so lange sie abgelesen wurden, mit nach Hause genommen hat. Mit dem Lobe, das die gleiche Feder fast im nämlichen Zuge denselben gespendet hat, steht das scharfe Endurtheil nicht recht im Einklang, und es macht fast den Eindruck, als habe dieses noch eine nachträgliche Antwort auf die oben erwähnte frühere offene Bekämpfung der Geschichtsauffassung Hegels und seiner Schule durch Haug sein sollen. Jedenfalls aber stand bei letzterem zur Zeit des Erscheinens der Strauß'schen Schrift der Entschluß bereits fest, zum freien Vortrag überzugehen — ein Entschluß, der bei einem Mann in den schon vorgerückteren Jahren Haug's gewiß hoch anzuschlagen ist, mag er auch noch so sehr in der gewonnenen eigenen Erkenntniß seiner Nothwendigkeit im Interesse der Sache seinen letzten Grund gehabt haben. Auch war es nicht allein der Uebergang vom Ablesen des Hefts zum freien Vortrag des Inhalts des letzteren, sondern es gieng damit Hand in Hand eine vollständig veränderte Behandlung des Stoffs. Die Universalgeschichte als Ganzes wurde aufgegeben. An ihre Stelle traten universalhistorische Uebersichten über einzelne, für die Entwicklung und den Fortschritt des Kulturlebens besonders wichtige Zeitabschnitte, wie der römische Bürgerkrieg und die römische Kaiserzeit, die Germanen und die Völkerwanderung, das Mittelalter bis zum XII. Jahrhundert, die Renaissance, das Reformationszeitalter, die Zeiten Ludwigs XIV. und Friedrichs des Großen. Und jetzt wurde auch den früheren Bedenken kein Raum mehr gelassen, daß das Hereintragen von weiteren Beziehungen in die Geschichte nicht statthaft sei, vielmehr wurde jetzt der Zusammenhang der einzelnen Perioden mit der Vergangenheit, in der sie wurzelten, und ihre Nachwirkung bis auf die Gegenwart, in welche sie ihre Zweige getrieben haben, ausdrücklich in die Darstellung mit aufgenommen. Der Vortrag hatte damit an Tiefe wesentlich gewonnen, und der weitere Blick, welchen dem Vortragenden die reifere Erfahrung und eigene Lokalkenntniß, namentlich die Reise nach Italien verschafft hatte, konnte sich jetzt erst recht nutzbringend machen. Der vage Liberalismus der früheren Periode, dem Haug so wenig als die Mehrzahl seiner Altersgenossen in den zwanziger und dreißiger Jahren sich hatte entziehen können, liegt hinter ihm. Dagegen drückt sich in den uns von befreundeter Hand mitgetheilten Kollegienheften aus der Mitte der fünfziger Jahre ein freier, fester, ernster Sinn für Recht, Sitte und wahre Freiheit aus, der ihn antreibt, mit Unerschrockenheit und Energie ebenso den Cäsarismus, wie die Demokratie, ebenso den Ultramontanismus und die Uebergriffe der russisch-griechischen Kirche, wie die hierarchischen Gelüste, die auch in der protestantischen Kirche sich regen, zu bekämpfen. Haug selbst äußerte sich gegen den Verfasser dieser Zeilen wenige Wochen vor feinem Tode, daß er nach der neuen Methode mit steigendem Interesse gelesen, wenn er auch zu seinem Bedauern gefühlt habe, daß er mit seinen Zuhörern nicht mehr wie früher in unmittelbarer Verbindung geblieben und in dem, was er gewollt, vielleicht nur von den reiferen derselben noch vollständig verstanden worden sei.

Allerdings waren die Haug'schen Vorlesungen nicht mehr, wie in den zwanziger Jahren, ein Ereigniß für die ganze Hochschule; man machte auch wohl Bemerkungen darüber, daß sie häufiger ausgesetzt und selten die angekündigten Abschnitte aus der Geschichte im Laufe des Semesters auch vollständig bewältigt wurden. Man wird aber das erstere begreiflich finden, wenn man berücksichtigen will, daß das Manuskript der früheren Vorlesungen jetzt ganz bei Seite gelegt und, wie die noch vorhandenen gedrängt kurzen Notizen darthun, der Stoff für jede einzelne Vorlesung, die ein abgerundetes Ganze geben sollte, neu und besonders zusammengetragen und studirt wurde, so daß also wohl auch schon ein an sich leichteres Unwohlsein störend auf den Vortrag wirken konnte. Und was die zweite Bemerkung anlangt, so läßt sich immerhin entgegnen, daß, was die Zuhörer vielleicht durch die nicht vollständige Erschöpfung des vorgenommenen Stoffs verloren haben, ihnen auf der andern Seite durch den gewährten tieferen Einblick in die Kulturverhältnisse der einzelnen Zeiten und in den inneren Zusammenhang der Ereignisse reichlich ersetzt worden ist. Dies wird denn auch heute von mehr als einem der Zuhörer Haug's aus der letzten Zeit seiner Lehrthätigkeit dankbar anerkannt und von einzelnen ausdrücklich bekannt, daß sie aus jenen Vorlesungen einen reichen, bleibenden Gewinn fürs ganze Leben heimgetragen haben.

— — —

Auch in dem häuslichen Leben Haug's beginnt mit dem Sommer 1851 ein neuer Abschnitt. Am 25. Juli wird die jüngste Tochter, Anna, geboren und nun sind eine Zeit lang die Kinder alle im elterlichen Hause vereinigt, bis auf Mathilde und Marie, welche in der Reihe dem Alter nach die Mitte einnehmen und die schon von der frühesten Kindheit an bei dem Onkel Arthur Conradi und dessen Gattin Emilie in Stuttgart die liebevollste Aufnahme, Pflege, Erziehung — mit einem Wort ein zweites Elternpaar gefunden haben. Der ersten Heimath sollten sie damit nicht entfremdet werden und sind auch dort, wenn sie auf Besuch dahin zurückkehren durften, immer die liebsten Gäste geblieben.

Haug hatte bald angefangen sich den Kindern zu widmen und sie namentlich auf den fast täglich ausgeführten Spaziergängen gerne in seiner Gesellschaft, wo er sie, sobald ihre Fassungskraft dies zuließ, über die Erzeugnisse der Naturreiche, besonders über die Blumen in Feld und Wald belehrte. Jetzt hatte er begonnen, den älteren Töchtern und ihren Freundinnen Vorträge über Geschichte zu halten.

Ein frischer, freundlicher Geist wehte durchs ganze Haus, in welchem eine muntere Jugend waltete und eine Zahl durch befreundete Familien empfohlener Studirenden frei ein- und ausgehen durfte. Die Meisterwerke der deutschen Dichter wurden gemeinschaftlich gelesen und in immer wechselnden Spielen mancher Winterabend heiteren, fröhlichen Muthes hingebracht. Gieng auch die Anregung und Leitung bei diesen geselligen Freuden mehr von der Hausfrau aus, so hat sich doch Haug, trotz der vielen Arbeit, die ihm die neue Anlage seiner Vorlesungen damals machte, nie ganz davon zurückgezogen und oft mit Rath, ja, wenn es nicht anders gieng, mit That mitgewirkt und mitgemacht.

Sonst kam er, abgesehen von dem wissenschaftlichen Kranz, solange dieser noch fortdauerte, wenig in Gesellschaft. Doch betheiligte er sich für die Gesellschaft Tübingens wiederholt an den Vorträgen, welche, wenn wir uns recht erinnern, seit dem Winter $18^{31}/_{52}$ von den Professoren der Universität für ein gemischtes Publikum auf dem Museum gehalten werden. Er redete über die Pilgrime, die Gründer der nordamerikanischen Freiheit; — über Neuengland, seine Einrichtungen und Sitten; — über Neuengland in der Gegenwart und seine Bedeutung für die Vereinigten Staaten; — endlich über die Kelten.

Auch jetzt noch führten ihn die Ferien gewöhnlich nach Stuttgart, stand ihm ja dort nach dem Tode der Eltern das Conradi'sche Haus immer offen, mitunter wurden auch größere oder kleinere Ausflüge in die benachbarten Länder, nach der Schweiz oder nach Baden ausgeführt. Frau und Kinder sind im Sommer mit der Großmutter Conradi häufig im Bad Niedernau.

Am 4. August 1855 verheirathet sich das erste Kind, dem Alter nach die dritte Tochter, Luise, mit Ludwig Roser, Kaufmann in London und noch im gleichen Jahr, am 24. November, folgt die älteste der Schwestern, Lotte, dessen Bruder Wilhelm an den Altar und nach Marburg, wo derselbe als Professor der Chirurgie wirkt und wo, wie wir gesehen haben, 38 Jahre früher schon der Vater bei seinem ersten Auszug in die Welt sich angeheimelt gefühlt hatte. Der einzige Sohn Karl, seit 1853 zuerst im Stuttgarter Gymnasium, dann zu seiner weiteren Ausbildung in technischen Werkstätten an verschiedenen Orten beschäftigt, tritt im Jahr 1859 bei der Mobilmachung gegen Frankreich in der württembergischen Artillerie ein, verläßt aber nach dem Frieden von Villafranka die militärische Laufbahn wieder, um jetzt in der polytechnischen Schule zu Stuttgart seine Studien fortzusetzen. Theophanie endlich, die zweitälteste Tochter, verlobt sich am 1. Januar 1860 mit Karl Riede, damals Finanzassessor in Stuttgart.

Der Wegzug eines Theils der Kinder vom väterlichen Herd ist somit bereits erfolgt oder doch vorbereitet, als Haug, welcher schon länger an katarrhalischen Affektionen und Asthma zu leiden hat, am 16. Oktober 1860 auf sein Ansuchen, unter der Anerkennung seiner vieljährigen Dienste und von der akademischen Jugend durch einen Fackelzug geehrt, in den Ruhestand, zugleich aber in den letzten Abschnitt seines Lebens eintritt.

— — —

Aeußerlich hat sich damit in der gewohnten Lebensweise Haug's für den Anfang kaum etwas verändert. Der Studirstube bleibt er auch jetzt getreu; seine historischen Studien, damals gerade auf die Kelten gerichtet, gehen fort, wie vorher. Später nimmt, mit den ersten Anzeichen der sich vorbereitenden Umgestaltung der deutschen Verhältnisse, vorzugsweise die Tagesgeschichte sein Interesse gefangen. Von dem großdeutschen Standpunkte aus, zu welchem er sich bekennt, folgt er mit wachsender Spannung der von Preußen eingeleiteten Revolution von oben. Als die Ereignisse des Jahres 1866 der von ihm vertretenen Sache die Niederlage bringen, vermag er sich mit dem Erfolge der Gegenpartei nicht zurechtzufinden. Die Art und Weise, wie von Preußen die Lösung der deutschen Frage versucht worden ist, stand zu wenig im Einklang mit dem, was er sich unter dieser Lösung gedacht, der eingeschlagene Weg der Gewalt widersprach viel zu sehr seinem strengen Rechtssinn, als daß er den seitdem geschaffenen Zustand einfach als etwas einmal Gegebenes, als eine solide Unterlage für einen erprießlichen Weiterbau hätte hinnehmen mögen und können. Und so ist er denn auch mit der ernsten Sorge aus der Welt geschieden, daß aus den Ereignissen des Jahres 1866 für Deutschland und selbst für Preußen noch schwere Krisen erwachsen werden.

Die Studien seiner letzten Jahre galten fast ausschließlich der Geschichte einzelner in Schwaben heimischer Familien. Mit der Universalgeschichte hatte Haug begonnen, mit der quellenmäßigen Erforschung der Geschichte der ihm näher stehenden Familien seiner Heimath schloß er seine Laufbahn als Historiker ab; — eine Laufbahn, auf der ihn ein ausdauernder Fleiß gefördert, das lautere Streben nach Wahrheit geleitet, die Anerkennung und der Dank manches treuen Schülers belohnt hat.

Das Leben in und mit der Familie war für Haug nach seiner Versetzung in den Ruhestand noch in höherem Grade als früher der hauptsächlichste Quell seiner Erholung und seiner Freuden geworden. Im Hause ist ein häufiges Kommen und Gehen, der auswärts wohnenden Kinder zu Besuchen bei den Eltern, der jüngeren Töchter Sophie, Helene, Amalie und Anna zu den verheiratheten älteren Schwestern. Auch der Vater gönnt sich jetzt öfter die Zeit zu Reisen nach Marburg, um bei der dort weilenden ältesten Tochter und den Enkeln zu sein, oder zu längerem Aufenthalt in Stuttgart, wo zwar die Schwiegermutter Conradi am 6. Juni 1861 gestorben ist, wo er aber seit der Verheirathung von Theophanie (4. Mai 1861) drei seiner Kinder weiß. Im Jahre 1862 noch unternimmt er die Reise nach London und verweilt zwei Monate bei der Tochter Luise, lebhaft angeregt auch durch die damals stattfindende zweite große Industrieausstellung, durch das britische Museum und die sonstigen Sehenswürdigkeiten der Weltstadt. Auch Bad Niedernau wird in den letzten Jahren wiederholt besucht und im Jahr 1865 in Heiden eine Molkenkur gebraucht.

Von den beim Onkel in Stuttgart erzogenen Töchtern vermählte sich am 14. September 1863 die ältere, Mathilde, mit Kaufmann Albert Holz daselbst. Am 25. April 1867 feierte sodann auch Marie ihre Hochzeit mit Ferdinand Pistorius, welcher, gleichfalls Kaufmann, in Neapel Geschäft und Wohnsitz hat. Von Nah und Fern hatten sich zu dem Feste mit den Eltern die Schwestern der Braut mit ihren Angehörigen zusammengefunden, und der Bruder Karl, jetzt Besitzer einer Fabrik in Uhingen bei Göppingen, war mit seiner Braut, Christiane Böhringer von Aalen, mit welcher er kurz nachher, am 6. Juni, ehelich verbunden worden ist, ebenfalls dort erschienen. Es sollte das letzte Mal sein, daß der ganze Kreis der Kinder geschlossen das Elternpaar umgeben hat. Ein Jahr und wenige Tage später, am 30. April 1868, lief von Neapel die Trauerbotschaft ein von dem Tode Mariens, welche am Jahrestage ihrer Hochzeit selbst ein Töchterchen geboren hatte und jetzt den Folgen der schweren Entbindung erlegen war. Das Kind starb zehn Tage nach der Mutter. Wenige Monate zuvor (am 23. Januar) hatte der Tod den Onkel Arthur Conrabi abgerufen, bei welchem Marie dreiundzwanzig glückliche Jugendjahre als in ihrem zweiten Elternhause verlebt. Kurze Zeit später, am 29. Juni, hatte Haug den Verlust eines zweiten Enkeltöchterchens zu beklagen, mit welchem am 8. April Karl von seiner jungen Frau beschenkt worden war.

Haug hat nicht allein die Eltern, sondern, obgleich der älteste, alle Geschwister, mit Ausnahme der jüngsten Schwester Nanette, überlebt und tief betrauert*. So hat er sich über den Tod seines Vaters noch viele Jahre später geäußert, er habe sich, obgleich damals schon hoch in den fünfziger Jahren und selbst an der Spitze einer zahlreichen Familie stehend, dadurch wie verwaist gefühlt. Wie müssen ihn jetzt die rasch auf einander folgenden Trauerfälle im engsten Kreise der Seinigen bis ins Innerste getroffen haben! Gesprochen hat er darüber nicht mehr viel. Schon in seiner äußeren Erscheinung aber war eine Veränderung vor sich gegangen, als wir ihn einen Monat nach dem Tode der Tochter wieder sahen. Der elastische Gang hatte sich verloren, das so lange fast gleich gebliebene Aussehen des älteren Mannes hatte etwas greisenhaftes bekommen.

Er freute sich noch des Genusses des ihm nach den Plänen und unter der Leitung des Sohnes erbauten eigenen Hauses mit Garten und Weinberg in schönster Lage am Ende der Stadt und wieder mit freiem Blick in das Thal und auf die Berge. Dort haben ihn im Laufe des vorigen Jahres noch alle seine Kinder mit den Ihrigen besuchen können.

---

* Sieben der dreizehn Geschwister waren schon in jüngeren Jahren, die Schwester Mathilde, Gattin des Kameralverwalters Keller in Waiblingen, geb. 1801, am 21. August 1855, der Bruder Louis, Kaufmann in Amsterdam, geb. 1799, unverheirathet am 19. November 1854, Ferdinand, geb. 1807, Dekan zu Leonberg, am 1. Februar 1864, und der jüngste Bruder Adolf, Mechanikus, geb. 1815, am 29. Juli 1859 zu Tübingen im Hause von Karl Friedrich gestorben.

Verlassen hat er das neue Haus nur selten. In Stuttgart und Uhingen ist er bei den Kindern nur noch je einmal gewesen.
Athmungsbeschwerden hatten ihn schon seit Jahren gequält. Jetzt fingen sie an, heftiger, immer beengender aufzutreten. Andere Leiden kamen hinzu. Am 23. Januar 1869 verläßt er sein Studierzimmer. Am 27., seinem fünfundsiebenzigsten Geburtstag, wird zuerst ein Anschwellen der Füße bemerkt. Von da an ist das Befinden wechselnd, man glaubt auf Besserung mit dem Herannahen des Frühlings hoffen zu dürfen. Ein Katarrh jedoch, der ihn am 9. März befällt, macht schon zwei Tage nachher, in der Frühe des 11., seinem Leben rasch und sanft ein Ende. Am Nachmittag des 13. wurde seine sterbliche Hülle unter akademischen Feierlichkeiten zu Grabe gebracht.

Wir sind am Schlusse.

Der Zweck der vorstehenden Blätter wäre erreicht, wenn dieselben dazu beitragen könnten, bei den nächsten Angehörigen, bei den Verwandten und den näheren Freunden des Verstorbenen das Bild des liebevollen zärtlichen Gatten und Vaters, des treuen Bruders, Schwagers und Oheims, des wohlwollenden Freundes auch in seinen einzelnen Zügen bestimmter festzuhalten. Auch ohne dieses aber wird der schlichte Mann mit seinem durchaus ehrenhaften, geraden Charakter, mit der seltenen Reinheit seines Denkens und Fühlens Allen, die ihn näher gekannt haben, unvergeßlich bleiben.

(Im April 1869.)

II.

Zwei akademische Reden.

1. De Sancto Georgio, equite.

Rede, gehalten am 14. Januar 1830,
aus Anlaß des Eintritts in den akademischen Senat.

Magnifice Domine Procancellarie,
Viri summe venerandi, — Consultissimi, — Experientissimi, — Excellentissimi, — Utilissimi Auditores omnium ordinum Honoratissimi!

Orationis, quae, ut locum in Senatu Amplissimo occupem, a Rege clementissime concessum, more consueto habenda mihi est, materiam sumsi

S. Georgium, equitem

heroa fabulosum licet, at late olim celeberrimum, et a nostris quoque rebus minime alienum.

Georgium enim, cum omnis Suevia, tum Tubinga praesertim, Palatinorum Sueviae antiqua sedes, indigetem quasi et tutelarem eximia prosecuta est devotione. Testantur hoc, templum civitatis majus, Georgio consecratum, et imagines equitis draconem conficientis, martyris rotae alligati, pro tempore et oppidi opibus satis affabre, super fenestras exsculptae, et dracones foribus utriimque inhiantes; eodemque spectare videtur in angulo, huic aulae adverso, gryphus, byzantini quod dicitur operis, adeoque seculo duodecimo non inferior. De hoc, seu grypho seu dracone, ecclesiae aedificandae infesto, plebejis traditum est rumoribus, et in vicini delubri Schwärzloch summa testudine suspensum monstrabant caput, quod nostra memoria delatum, vaccae cranium repertum est. Conveniebant et vallis natura olim quam nunc paludosior et Wurmlingensis montis nomen, vernaculo sermone draconem sonans. Quae cum ita se haberent, fabula' occisi a Georgio draconis hac profecto regione fixa insedisset, nisi obstitisset librorum et ecclesiae auctoritas. Porro, nostra etiam universitas cum ipso Georgii cultu ita fuit conjuncta, ut ab ejus aede, quasi ab incunabulo prodiise et hoc patrono enutrita esse videatur. Siquidem constat, Sixtum IV Papam, quum, Eberhardo comite auctore, studium hoc generale conderet, sic instituisse, ut Georgii in ecclesia decem canonicatus, totidemque praebendas erigeret, quas qui obtinuissent, iidem cathedras regerent, praepositum autem dictae ecclesiae ejusdem studii cancellarium perpetuis futuris temporibus apostolica auctoritate deputaret. Sancitum simul, privilegia universitatis ut Georgii festo a scriba publico civibus quotannis recitarentur. — Ipsi denique philosophi, quorum ordini adscriptus sum, Georgii, martyris an bellatoris, dubito, peculiariter agnovere praesidium.

Quod nomen apud majores tam clarum et venerabile, ut, nondum tria elapsa sunt secula, de eo disserere pietatis aestimaretur, jam vero ita obsoletum, ut pauci norint, nemo curet, patiamini precor, sub adspectum vestrum ut evocem. Fabulis quoque suam inesse veritatem, opiniones, commenta, somnia majoris saepe esse in historia momenti, quam quae vere facta narrantur, et ex iis quae finxerint populi, indolem eorum melius plerumque perspici, quam ex iis quae gesserint, inter doctos fere convenit. Quod de medio praesertim aevo intellectum velim, in quo omnis nostra versatur oratio.

Georgium, non historiae, at martyrum legendae prolixe narrant, Cappadocem, haud obscuro loco natum, a puero Christianorum fide imbutum, cum esset tribunus militum constitutus, imperatori in Christianos saevienti ultro sese obtulisse, et, cum blanditiis non flecteretur, innumeris iisque exquisitissimis tormentorum generibus agitatum, quibus enecari non potuerit, stupendis patratis miraculis, simplicissimo postremo supplicio, capite plexum, extinctum esse. Non a sensu recto tantum et veri specie quam maxime abhorrent, de loco quoque martyrii, et de tyranni nomine discrepant, cum alii Persidis in civitate a Daciano quodam Persarum imperatore, historiae ignoto, alii Nicomediae aut Romae a Diocletiano, alii denique in Palaestina morte affectum tradant. Virum, cujus fama brevi post toto orbe increbuit, apud Graecos Megalomartyros cognomine unice celeberrimum, nec ejus quo vixisse fertur temporis aequales, nec ipsi Cappadoces scriptores, Georgii populares, memorant. Quas ob res, cum et eorum, qui Georgium quendam, Arianorum sectae addictum, Alexandrinae sedis, Athanasio detruso, invasorem, materiam legendae dedisse, et per fraudem aut ignorantiam Sanctorum indici irrepsisse conjecerunt, ingeniosior sit opinio quam probabilior, gravis suboritur suspicio, Georgium illum, qualem referunt, in terris nunquam extitisse, eamque ejus farinae fabulam esse, quales mendaci in Graecia, conversa a Diis ad christianae fidei heroas fingendi libidine, plurimae pullulaverint. Gelasius quidem Papa, exeunte jam seculo quinto, Georgii passionem a veritatis nempe hostibus confictam et spuriis connumerandam scriptis condemnavit, et cum praeterea nullum extaret Georgii monumentum, Deo magis quam hominibus notum eum esse, ingenue confessus est. Nihilominus martyris veneratione non a romana tantum ecclesia recepta, sed romanorum per orbem incredibili celeritate, et miro omnium consensu propagata, eadem illa scripta, spreto superiorum judicio, furore quodam arrepta, per manus tradita, et novis insuper commentis exaggerata sunt. Tantum enim aberat, ut immania ista fabularum portenta ejus aetatis homines ostenderent, ut eo ipso, quod modum omnem excederent, placerent et rudes superstitiososque in stuporem abriperent animos.

Accedebat alia ratio, quae cultum Georgii, quem martyrium praemunierat, mirum quantum promovit. Militem praedicat legenda; nec inter coelites relatus, rei militaris studium deseruisse existimabatur, quare, cum inter sanctos variorum officiorum et negotiorum tutelae distribuerentur, huic praesertim belli cura provincia evenit. Graeci, τροπαιοφορον cognominatum praecipuis

Imperii protectoribus accensebant, et Constantinopoli, fanis ejus referta, in summo arcis promontorio, propugnaculum quasi urbis, a barbaris toties impugnatae, splendidissimum exstruxerunt monasterium, a quo Bospori et Hellesponti fretum brachii Georgiani nomen vulgari appellatione traxit. Ingenti favore exceperunt Georgium bellicosae Germanorum gentes, sanctum quippe, non passione tantum, sed fortiter etiam factis insignem, qui non ut ceteri laciniis tectus pedibus iret, sed militari habitu equo veheretur, cujus nomen denique ipsorum sermone bellicum quid sonaret. Diis bellatoribus, Thoro et Wodano, abdicatis peropportune contigit, ut religionis novae inter divos heroa quendam illorum ad instar invenirent. Ab hoc, auxiliatorum sanctorum potentissimo, exercitui Christianorum vitam et victoriam litaniae precari solebant; et redeunte heroico tempore, quo Dii dimicantibus sese immiscuisse canebantur, saepe Georgium in acie pro suis pugnare visum ferebant, tum ante, tum in armatis illis peregrinationibus, quibus, ipsa belli ratione et discrimine, coelitum studia et auxilia excitari fas erat. Apud Antiochiam, prope locos ejus natales, cum Turcarum exercitu circumfusi graviter premerentur, viderunt copiarum agmina coelestium candida, de montibus descendere, quarum ductorem protinus Georgium cognoverunt; quo viso mirum in modum accensi, praeclara potiti sunt victoria. Pervulgata inde opinio, Georgium praecipuum esse hujus belli fautorem, et cruciatorum contra gentem erroneam propugnatorem et vexilliferum; quae opinio animis ita insedit, ut seculo post Frederico imperatore Iconium tendente, Suevus nobilis, conspexisse se Georgium aciem praecedentem, jurejurando firmarit, quin imo et Turcae, eadem tracti contage, precibus ad sepulcrum ejus fusis placare studerent hostem formidolosum.

In terris vero occidentalibus tum demum Georgii nomen clarum ubique haberi et honoribus extolli, arae et templa consecrari, reliquiis martyris et invictis ejus brachiis tot, ut Briareo sufficerent, decora, provinciae et regna tutela ejus gloriari, inprimis vero flos nobilitatis, ubique terrarum equestri dignitate consociatae hunc patronum profiteri. Post Deum et Michaëlem Archangelum Georgio auctore tirones cingulo militari praecingebant, et vix ullus capiti galeam imponebat eques, quin ejus nomen prae omnibus invocaret. Nec poëtae defuerunt laudibus ejus celebrandis. Extat adhuc et nuper typis excusum est carmen copiosum, et sancta illius aevi simplicitate jucundum, quod Reinbot de Dom initio seculi tertii decimi vernacula lingua conscripsit. Induit miles ille legendae legionarius christiani equitis ejus seculi personam. Effingitur juvenis pulcherrimus, aurea coma insignis, splendide loricatus, caballo insidens candido et cataphracto. Generis nobilitate, magnificentia, liberalitate conspicuus plurima invictae virtutis specimina edit, errantium more equitum periculorum ancipitia et fortiter faciendi occasiones sectans, solus terras pervagatur, leonum et draconum monstra vincit, virgines tuitur, denique, quod christiani tum equitis et antiquissimum officium et decus summum habebatur, Saracenis exitiale renuntiavit bellum; vexillo ab angelo de coelis delato instructus, ingenti inter paganos strage edita, omnes finitimas terras ipsamque Cappadociam christiana ad sacra adigit. In martyrio quoque sibi constans, armatus regum consessum ingreditur, nomen profitetur, et Christo collaudato idolorum vanitate objurgata, siquis contra sentiret, ad certamen singulare provocat; et tum demum, nemo cum congredi auderet, aeternae coronae avidus, ultro excruciandum sese praebet. — Georgio·ita justi et perfecti equitis in effigiem exornato, Eduardus tertius Angliae rex, cum ordinem militarem institueret, virginis a periscelide nuncupatum, eaque occasione Arthuri Britonum cujusdam regis, poëtarum fabulis tum famosissimis mensam rotundam instauraret, ad quam non nisi lectissimi et fortissimi milites admissi fuisse ferebantur, ordinis hujus egregii praesidem b. Georgium esse voluit.

Cetera ejusmodi instituta, quae plurima Georgii in honorem protulit illa aetas, patrocinium ejus contra infideles spectant Teutonicus ordo post b. Virginem Sanctum Georgium coluit; Sigismundus Hungariae rex, cum a Bajazethe premeretur, Fridericus III. Imperator, contra Turcarum Austriam depopulantium incursiones, Paulus III. Papa ad arcendas Turcicorum descensiones piratarum, militares ordines Georgio dicatos condidere. Omnes, defervescente paulatim Turcarum odio et tumultu, aut extincti sunt, aut a prisca ratione penitus declinarunt; unum ejus generis, minimeque ambiguum ad nostram usque aetatem perduruit monumentum. Joannes, Basilii, Russorum princeps, ducta uxore Palaeologa, ab ultimis Constantinopolis Augustis progenita, aquilam, orientalis imperii insigne, primus clypeo assumsit, pectorique ejus imposuit S. Georgium, Moscoviae antiquum patronum, symbolo hoc id innuens, se sibi et posteris partes suscepisse juris sui, connubio parti, armis contra Turcas persequendi. Eodemque consilio, longo post intervallo, Catharina II, cum primum Osmanae dominationis ruinam moliretur, militarem ordinem instituit a Georgio nuncupatum.

Hujus aliorumque ordinum socii insigne gestabant Georgii imaginem draconem pedibus substratum lancea configentis; et omnino, ubicunque in armis et signis tabulis et statuis Georgius repraesentaretur, draconis victorem exhibere eum solenne erat.

Legendis erat relatum, cantibusque pervulgatum popularibus, regem quendam seu ex voto, seu pro civium salute, sorte coactum, ingenti draconi filiam exposuisse devorandam; casu intervenisse Georgium, et dracone hasta confosso, puellam patri restituisse. Qui cum filiam cum regno et infinitum thesaurum offerret, accipere noluisse, hoc solum meriti praemium postulasse, ut rex cum populo Christi fidem amplecteretur. — Draconicidii hujus, totius nostrae disputationis medullae quasi et cardinis, quae fuerit origo et sententia, seorsim jam considerandum est.

Plerosque apud populos heroës dracontophontae celebrantur; haec monstra, in quibus nil non immane et terribile et robur humanis viribus majus cumulatum, qui vicisset, is demum summae palmam fortitudinis detulisse existimabatur. Omnium tunc in ore decantatissimus ille Eddae et Nibelungorum heros erat Sigurdus seu Sigefriedus, cornei cognomine notus, qui occiso Tafnere dracone, ingenti cui incubavit gaza potitus, Brunhildem aut Chrimbildem virginem liberasse ferebatur. Scatent carmina de Dieterico draconum pugnis, quarum ea praesertim huc facit, qua Dietericus Lupinus dictus, Wolframo de Eschenbach, clarissimo poëta, auctore, Otniti regis a draconibus peremti, adjuvante Georgio, draconicidarum jam patrono, ultor, viduae ejus connubium et regnum promeretur. Quamquam vero saepissime in fabulis fieri soleat, ut affinitate quadam et similitudine inter sese confundantur, id, quod hic agitur, ut Georgii draconicidium legendae ex profanis his carminibus veniret, nec clericis inveteratum horum odium, nec laicis ecclesiasticarum traditionum verecundia permittebat.

Orienti contra semper, et tunc tempore Palaestinae praesertim, haec data est venia, novas ut antiquis, peregrinas propriis conflaret religiones; et plurimas inde cum sacras tum profanas in Europam allatas esse constat fabulas. Joppes in portu peregrini, qui in Palaestinam commeantes hic solebant appellere, conspiciebant in rupe vincula, quibus Andromedam revinctam, a Perseo, ceto occisso, servatam fuisse, antiquitus traditum erat. Hinc ortam Georgii cum dracone pugnam, facile quis conjiciat, cum eundem in portum Georgii corpus quondam delatum, et vicino in oppido Ramlae sepultum esse crederetur, et locus quoque pugnae, haud procul, apud Berytum monstraretur. Ceterum, universam per Asiam, et apud Persas praecipue draconicidiorum tam pervulgata erat materia, ut heroum, quos Ferdusi aliique canunt Persarum poëtae, vix unus alterve reperiatur, quin ejus generis facinore aut dracone aut grypho, aut, quod ad idem fere redit, cum draconibus plerumque daemoniacum quiddam tribuatur, daemone devicto clarescat. Et puella quidem, quam Georgius draconi eripuit, Margaretha vulgo vocata fuisse videtur, a Mergiana quadam diva, a Tahmura rege liberata, quae in Britonum quoque carmina transiit, et abs qua meteoron quoddam apud Italos fata Morgana, horti quasi Mergianae aërii nuncupantur.

Utut id sit, et undecunque nostri homines proxime tunc hauserint historiolam istam, — qui originem fabulae ultimo a fonte repetere, et quae subsit ratio perspicere velit, ei apud Persas consistendum esse, neminem fugiet, qui quanti ea fuerit momenti ad omnem Persarum religionem antiquissimam consideraverit. Indis, Aegyptiis aliisque populis, anguis, aeternitatis utpote, prudentiae, prosperitatisque symbolum et agathodaemon cum sacer subinde esset, Persae ut nullius non mali effigiem inexpiabili eum execrabantur odio. Arimanius, tenebrarum princeps, bono Deo Oromasdi ejusque sociis et cultoribus nunquam non rebellis, magnus appellatur draco; ministri ejus, hominibus nocituri, draconum saepe formam induunt; serpentes denique, et quidquid in rerum natura pestiferum esset ab eo procreata credebantur. Quos Arimanii fetus exstirpare, antiquissimum cujusvis Persae officium, cui ut vacarent, festi erant dies· instituti, ipsorumque regum, testibus monumentis Persepolitanis, monstra illa, seu vera seu allegoria adumbrata devicisse summa laus habebatur. Ad populorum enim quoque inimicitias ratio illa translata est; Turiani seu septentrionis gentes ferae et rapaces, et ab avita et communi olim religione degeneratae, quas exitiali bello persequi apud Persas pietatis erat, Draconis figura notatae, quam post Tartari quoque praeferebant et servant adhuc Sinenses.

Excepere hanc significationem a Persis Judaei, deinde Christiani, idololatras populos, ipsamque idololatriam draconis effigie exprimentes. Dracone innuebant Judaei Romanorum imperium, dracone, mulieri parturienti inhiante, Apocalypseos auctor aut illud ipsum, aut idololatriam Ecclesiae infestam. Draconis victorem pingi se curavit Constantinus Magnus, abrogato publice Deorum cultu: quoscunque deinde, qui de propaganda fide eximie meruissent, eodem-habitu repraesentare mos invaluit. .Denique, cum ingens illud.et quod omne medium aevum agitavit, exardesceret bellum populorum Christianorum contra Musulmanorum insurgentem potentiam, populis, horum doctrinae addictis, Turcis praesertim, symbolum illud adhibitum est.

Georgii ergo draconicidis victoria ex infidelibus Turcis, ipso opitulante, aut parta aut sperata significatur; et fabulae illius fingendae occasionem hinc venisse verisimile est.

Quamvis vero haec fabula posterioris sit originis, nec ante expeditiones sacras in libris inveniatur, non tamen symbolum quoque temere adsutum esse legendae existimandum, sed, tum demum aut quae diu latuerant, in lucem prodiisse, aut dispersa quasi membra cum corpore suo rursus coaluisse; — aut quae varie interea explicata et ad martyrium fortasse Georgii relata esset imago, eam, redeunte priscá rerum ratione, ad priscum quoque sensum jam esse revocatam.

Miro accidit modo, non solum ut Turcae, a Turianis istis Persarum hostibus, iisdem dracone designatis essent oriundi, sed divis quoque draconis victoribus utriusque aevi eadem conjunctis necessitudine, Georgius non per ambages tantum illas, sed proxime ipsis a Persis originem trahat.

Ad ·Persas delegant Georgii martyrium vetustissima acta. Cappadocia, qua progenitus ferebatur, lingua utebatur Persica affini, et Strabone auctore referta erat Persarum tum sacris tum magis. Nomen Georgii, cum ante Asiam a Macedoniis patefactam apud Graecos nusquam reperiatur, apud Persarum vero poëtas, adeoque inter Xerxis ductores occurrat; a Graecis sui sermonis ad sonum detortum, Persarum a voce kor esse videtur derivandum. Georgianorum quidem gens, Persis olim consociata eorumque sacris imbuta, quae Georgium adhuc summis colit honoribus, reliquias ejus servat, armaque quae ejus fuisse feruntur ingentis ponderis monstrat in fano, herois terrore, rapacissimos inter homines ditissimo, a Georgio itidem appellata esse vult;. atqui constat extitisse gentis nomen ante Georgium et ductum esse a flumine Cyro seu Kor. Kor Persis est Sol; at Solis genium, Mithram, inferioris ordinis inter divos principem insigni Persae prosequebantur cultu, ejusque mysteria, ipsis in regionibus Georgii natalibus, eaque ipsa, qua vixisse traditur tempestate celeberrima habebantur. Jam vero hunc inter Mithram et Georgium tanta intercedit similitudo, ut cognatum aliqua ex parte, ne dicam, idem fuisse utrumque numen, conjectare necesse sit. Georgium aurea jam coma et candido equo solem referre, omittam. Mithras aeque ac Georgius coelestium dux est copiarum, fidelium defensor, daemonum infensissimus hostis et inclytus draconis victor. Mithrae initia ut in antris olim peragebantur, sic Caucasi montis incolae in antris colunt suum Georgium. Boum abactor, physica quadam ratione praedicabatur Mithras, ejusdem generis miraculis apud Georgianos clarus est Georgius. Chederum quendam, Orientis traditionibus celebratum, Sabazium Phrygum numen esse, quod a Mithra, qualem mysteria referebant, non differt, conjicit vir doctissimus de Hammer; atqui eodem Chederi nomine apud Turcas vulgo appellatur Georgius. Bina anni tempora Mithrae erant solennia, mensis qui aequinoctium auctumnale, et qui vernale insequitur; illius sub finem Georgiani festum patroni sui tauroboliis celebrant; alterius fine, die Aprilis vicesimo tertio aut secundo, ecclesia omnis Georgii anniversarium primitus peragit.

Eosdem circa dies, Mithrae plerumque altaria dedicata, tironesque sacris ejus initiatos esse, inscriptiones docent. Domus denique Mithrae coelestis in solis ex ariete in taurum transitu posita, antiquorum ad rationem calendariorum si exegeris, Georgii festo incidit. Quibus argumentis, nisi quis fortuito haec ita congruere malit, hoc effici videtur, nebulosum illum fabulisque involutum Christianorum heroa, quem, qui fuerit, nemo aequalium novit, aut Mithrae ex antris productum esse et christiani martyris in formam redactum, quod eo magis erat proclive, cum Mithram quoque suos habuisse martyres, et neminem ad sacra ejus admissum et Mithriaci militis titulo dignatum fuisse constet, nisi plurimis cruciatibus et terrorum portentis defunctum — aut si qui nihilosecius fuerit ejus nominis martyr, hunc Mithrae in locum, ejusque in speciem subornatum, publico in cultu esse substitutum.

Quod in quacunque magna generis humani conversione fieri solet, novus qui cooritur rerum ordo, ut radices agere et obtinere fere nequeat, nisi et pristinis quid concesserit, idem christianae accidisse religioni, et templa, caerimonias, instituta mutuata esse a Judaeis atque Ethnicis, multi viderunt; jam nec numina prorsus fuisse genuina, hoc saltem patet exemplo.

Aliud, si per tempus exponere liceret argumentum, sententiae nostrae non parum adstrueret firmamenti, Michaëlem scilicet Archangelum quoque, quod neminem animadvertisse miror, dignitate, ministeriis, habitu, locorum sacrorum natura et festi tempore, Mithrae tam esse similem, ut quin alter alterius ad effigiem expressus sit nullo dubitari modo possit.

Quamobrem, et Michaëlem inter et Georgium, eadem quippe a stirpe oriundos, fraterna quaedem similitudo interest et honorum communio. Uterque draconis victoria celeber, uterque exercituum coelestium dux, et militantis adversus infideles ecclesiae protector; promiscue exhibent utriusque imaginem nummi byzantini, gallici, anglici; cultu quoque populorum alternis fruebantur vicibus, hoc discrimine, ut dispertito inter eos anno, autumno praesideret Michael, Georgii tutela vere adulto emineret; deinde, Michaëlis veneratio ut antiquiore aevo praevaluerit, Georgii gloria sacris abhinc in Asiam expeditionibus praefulgeret; Normanni exempli causa, Michaëlis ante studiosissimi cultores, Anglia subacta, Georgium praetulerint; antiquae Russorum metropolis Kioviae Michaël fuerit patronus, recentioris Moscoviae Georgius; Germanorum reges Michaëlis sub auspiciis Hungaros et Venedos debellarint, postea aquilae romanae cooptarint Georgii signum. Et tunc quidem Suevi gaudebant privilegio, Georgii hoc, provincialis ipsorum patroni vexillum gestantes, exercitum ut praecederent praeliumque primi committerent; quam praerogativam, praeclarum virtutis documentum, cum Bohemi usurpare conarentur, pro tuendo armis vexilli honore Suevorum conjuravit nobilitas; unde prodiit validissimum illud, et Georgiani clypei nomine, nostrae etiam patriae annalibus famosum foedus, quod vastae et dissolutae Imperii molis arctiore vinculo adstringendae, et certa lege componendae, fundamentum jecit. — Hac vero tempestate, qua Georgius in fastigio stabat majestatis (decimi quinti sub finem seculi), et Tubingenses quoque nostri toti erant in illustrando monumentis patrono suo occupati, foeda prope imminebat ruina.

Exoriente tunc elegantiore recti et venusti sensu, et verae luce historiae, carmina illa et fabulae, majorum summae deliciae, ad plebem paulatim relegari. Insecuta mox sacrorum emendatio, omnem istum disturbatura Sanctorum Olympum, quorum cum nullo pejus actum quam cum Georgio. Equestres, quibus placuerat, mores in ludibrium sensim abire; non virgines amplius liberandae occurrere, nec monstra impugnanda; Turcarum denique horror in amicitias et foedera converti. Negare rerum naturalium periti, esse dracones, negare historici, fuisse unquam Georgium. Ipsique ejus adsertores, draconicidium certe, anile scilicet, quo acta ejus adulterata sint, commentum, repudiare, aut, saniorem ut sensum allegorica interpretatione excuterent, laborare; esse videlicet aut veri Christiani libidine edomantis imaginem, aut Christi sponsam ecclesiam a diabolo vindicantis. Si enim, non, quo intellexerint modo, sed quo intelligi possit, spectetur, latissime vagabitur explicandi licentia, et accidet, quod iis, qui nubium figura ludibundi imaginantur, ut alii alias res, pro sua quilibet indole suoque pro lubitu, videant; inter quos historicus suo fortasse jure tum ita auguraretur: omnium omnino heroum, qui malorum, quibus semper pullulantibus homines affliguntur, superstitionis, tyrannidis, licentiae aliorumque violentiam, divinitus quasi afflati, praeclara ingeniorum vi, summo cum molimine et periculo, subinde retundere, generique humano, disruptis quibus obstrictum tenebatur vinculis, meliora et altiora appetendi dedere impetum — omnium istorum esse imaginem virorum, atque, sicut aquae gutta iisdem quibus mundus continetur legibus, sicut folium refert arborem, sicut unius hominis vita populorum fata, ipsiusque fortasse humani generis decursum adumbrat, ita universae quodammodo historiae compendium esse bonum nostrum Georgium equitem.

---

2. Aeber Patriotismus bei den neueren Völkern.

Rede, gehalten am 27. September 1831,
aus Anlaß des Geburtstags des Königs.

Hochzuverehrende Herren und Freunde!

Mit dem Auftrage beehrt, an dem heutigen Geburtsfeste Seiner Majestät unseres Königs an dieser Stätte öffentlich zu reden, glaube ich der frohen Feier dieses Tages, aber auch dem hohen Ernste unserer Zeit nicht besser entsprechen zu können, als wenn ich die Liebe des Vaterlandes zum Gegenstande der Betrachtung wähle. Denn die Liebe zum gemeinschaftlichen Vaterlande, wie sie das schönste und heiligste Band ist, das Fürsten und Volk verknüpft, verbürgt mehr als alles Andere, mehr als Heeres Macht, als Gold und fremde Freundschaft, jener Verbindung unter allen Stürmen eine unauflösliche Dauer, dem Staate gegen alle äußere Gefahren ein beinahe unzerstörbares Dasein. Ewige Zeugen dieser letztern Wahrheit sind die Völker des classischen Alterthums. Was anders als diese Gesinnung setzte sie in den Stand, die Anfälle ungeheurer Uebermacht siegreich zu bestehen und ihrem engen Gemeinwesen unvergängliche Herrlichkeit zu verleihen? — Doch, es ist nicht meine Absicht, mich in einer Schilderung der glänzenden Thaten und Erscheinungen zu ergehen, deren fruchtbare Mutter die Vaterlands-

liebe war — wir kennen sie Alle — sie gehören zu den frühesten und tief=
sten Eindrücken unserer Jugendjahre. Auf einen weit unscheinbareren
und schwierigeren (und, wenn man will, undankbareren) Stoff wage ich
es, Ihre Aufmerksamkeit zu lenken, der aber vielleicht um so mehr in
den Bedürfnissen unserer Zeit seine Rechtfertigung findet, nämlich auf
den Patriotismus bei den neueren Völkern.

Wollte ich Vergleichungen anstellen, die Frage aufwerfen, ob die
Neueren sich ähnlicher Gesinnungen und Thaten, gleich unerschütterlicher
Grundlagen ihrer Staaten rühmen können, so müßte ich mich gefaßt
halten, ein mitleidiges Lächeln zu erregen — ein so zweifelhaftes, ein so
unglaubliches Ding ist es um den modernen Patriotismus, daß seine
Lobredner Gefahr liefen, für Idioten zu gelten.) Hat doch ein geist=
reicher Schriftsteller unserer Tage uns sogar die Fähigkeit zu dieser
ersten aller politischen Tugenden geradezu abgesprochen. Von Anfang
unserer Geschichte sei Selbstsucht unsere erste Triebfeder, Gemeinsinn aber
und Selbstverläugnung, wo das gemeine Beste es forderte, uns fremd
gewesen; nicht der Staat, sondern die Heimath, das eigene Haus sei
unser Vaterland, das letzte Ziel aller unserer Wünsche und Bestrebun=
gen; der Staat habe für uns höchstens als Mittel, wenn er sich zum
Handlanger für unsere beschränkten Privatinteressen hergebe, einen Werth;
gleichgültig werde er uns, wo er diese nicht berühre, und Fehde kündi=
gen wir ihm an, sobald er Opfer verlange. Unsere Liebe sei überall,
gleichgültig ob in weiter Ferne oder daheim, wo unsere Interessen und
Lieblingsideen sich geschmeichelt fühlen, und statt der Theilnahme, die
wir dem eigenen Vaterlande versagen, brüsten wir uns mit einem vagen,
wohlfeilen Kosmopolitismus. Was wir von unserer Vaterlandsliebe
rühmen seien hohle Phrasen, eitler Flitter, dem Alterthum abgeborgt,
um uns theatralisch damit aufzupuzen.

Unstreitig liegt in diesen bittern Vorwürfen viel Wahres, und die
Sinnesart der neueren Völker ist verglichen mit den Alten im Ganzen
richtig bezeichnet. Nur in jener Allgemeinheit, in jener Schärfe, welche
der einen Seite alles Licht, der andern nur Schatten zutheilt, sind sie
gewiß ungerecht. Gegensätze, welche im Begriff schroff und schneidend
einander gegenüber stehen, fließen im Leben in mannigfachen Schattirun=
gen in einander. Selbst bei den Alten fand jene ideale Hingebung an
den Staat nicht nur nicht zu allen Zeiten, sondern weit nicht überall
in gleichem Grade statt. Wenn in Sparta beinahe das ganze Leben in

dem Staate aufgieng, so ertheilt Perikles seinen Athenern in ihrer schönsten Zeit nur das Lob, daß sie für die öffentlichen Angelegenheiten eben so eifrig besorgt seien, wie für die eigenen, und bei den Römern, diesen Vermittlern der alten und der neuen Zeit, tritt bereits ein Uebergewicht des Privatlebens ein. Mögen wir den Neueren ihre Stelle in dieser Beziehung auch noch so tief unter jenen anweisen, mag Kälte und Abneigung gegen den Staat in gewöhnlichen Zeiten auch noch so sehr bei ihnen vorherrschen, bietet nicht auch ihre Geschichte einzelne Beispiele glänzenden patriotischen Aufschwungs dar, welche die schwersten Opfer dem Vaterland freudig darbrachte? Seien es auch bloße momentane Aufwallungen, aufgeregt durch die Gewalt außerordentlicher Ereignisse, sie beweisen wenigstens, daß auch in den Neueren ein Funke schlummert, der nur der äußern Veranlassung, der Umstände bedarf, um zur heiligen Flamme aufzulodern.

Statt uns in Klagen über die Schwäche und Verkehrtheit der Zeit zu ergießen, ganze Nationen in dem Augenblick kräftigen Ringens nach höherem Staatsleben des Unvermögens zu beschuldigen, sich zu politischer Bildung zu erheben und dadurch der Feigheit und dem Egoismus neue Beschönigung zu leihen: forschen wir lieber nach den Ursachen, warum die Neueren in vaterländischem Sinn den Alten so weit nachstehen, nach den Schwierigkeiten, welche die Entwicklung desselben bei uns so sehr verzögert haben und allerdings uns die Hoffnung benehmen, sie je ganz zu erreichen. Sie liegen hauptsächlich in der universalhistorischen Tendenz der neuen Zeit überhaupt und in der bisherigen Beschaffenheit der einzelnen Staatsgesellschaften.

Bei weitem das wichtigste Element in der Bildung der Neuern, — die Hauptquelle ihres kosmopolitischen Strebens ist das Christenthum, das stillwirkend und unsichtbar wie der Aether alle durchdrungen und ihnen mehr oder weniger seinen Charakter aufgeprägt hat. Wenn bei den Alten die Religion, beschränkt auf den Umfang des einzelnen Staats und seinen Zwecken dienstbar, die Wurzel des Nationallebens und die mächtigste Beförderin des Patriotismus war, so schwingt sich das Christenthum frei und kühn zu einem Standpunkt empor, von dem aus die engen Grenzen der Völker und Staaten verschwinden. Weltreligion im eigentlichsten Sinn, möchte es, ohne Rücksicht auf die Abscheidungen der Politik, einen Bund allgemeiner Bruderliebe stiften, die gesammte Menschheit zu der großen Geistergemeinschaft des Gottesreichs vereinigen. An keinen Ort gebunden, gegründet auf die allgemeine geistige Natur der Menschen, ihn hinweisend auf ein höheres Bürgerthum, dieses Leben im Lichte einer Pilgerschaft betrachtend, läßt es den Staat, wenn auch nicht durchaus als etwas gleichgültiges, doch nur als untergeordnetes Mittel für seine Zwecke zur Seite liegen. So bildet es auch, zur Kirche gestaltet, unabhängig von dem Staate, und selbst bisweilen feindlich gegen ihn, immer aber als ein abgesondertes Gemeinwesen mit eigenem Zwecke und eigenen Gesetzen sich aus. So groß auch sonach seine Verdienste um den Staat, durch Kräftigung des Pflichtgefühls, Beförderung der Sittlichkeit sind, ein tieferes unmittelbares Einwirken auf das Staatsleben ist seinem innersten Wesen so zuwider, daß es jede Abweichung von demselben mit dem Verlust seiner Reinheit und Würde zu büßen hatte.

Ein stark in der Weltgeschichte hervortretendes Gesetz strebt nach Ausgleichung, nach Verschmelzung, nach Verallgemeinerung — wie in der Natur Quellen und Ströme dem Ocean zueilen. Schon die späteren Jahrhunderte des Alterthums hatten mächtig vorgearbeitet, die Schranken zwischen den politisch und geistig getrennten, kleineren Völkern und Staaten niederzureißen; eine umfassendere und freiere Völkergemeinschaft schuf die große Völkerwanderung. Beinahe alle Staaten unseres Welttheils sind von Völkern Eines Stamms gegründet, beinahe alle empfingen durch die Reste römischer Cultur den größten Theil ihrer Bildung; dieselben Sitten, Grundsätze, Verfassungen verbreiten sich über Europa — und selbst in den Sprachen, so verschieden sie auch in materieller Hinsicht sein mögen, lebt ein und derselbe Genius. Die einzelnen Staaten in ihrer lockern, rohen Gestalt verfließen beinahe in dieser großen, natürlichen und geistigen Einheit; ohne Rücksicht auf politische Grenzen schlingt das Lehenswesen sein Netz über ihre kriegerische Mannschaft, und das Ritterthum haucht der ganzen, durch gleiche Sitten, Bestrebungen, politische Stellung verbundenen Classe Einen Geist ein. Die Theorien des Mittelalters wissen von keiner Staatentrennung; das ganze römisch-germanische Europa, ja die Welt, bildet nach ihnen nur Ein Reich, dessen Mittelpunkt Rom, dessen Häupter der Papst und der Kaiser sind, aus deren Gewaltfülle jede andere geistliche und weltliche Würde nur ein Ausfluß ist. Für dieses Reich gab es nur Einen wahren, äußeren Gegensatz — den gegen die Heiden; und die Kreuzzüge vereinigten die ganze christliche Welt, wie Nation gegen Nation, zu Bekämpfung der=

selben. Der unglückliche Erfolg dieses größten Unternehmens des Mittelalters trug nicht wenig bei, jene Völkergemeinschaft zu zerrütten und die Zwietracht zu entflammen, in der sich die beiden obersten Gewalten derselben gegenseitig aufrieben. Für die einzelnen Staaten, die bisher embryonisch im Schoße derselben geschlummert, beginnt jetzt erst die Zeit der abgesonderten, selbständigern Entwicklung, wie jetzt erst, gleichzeitig mit dem Entstehen einer Nationalliteratur, die Völker zum Bewußtsein ihrer Nationalität erwachten. Allein selbst diese Trennung, in mehr oder weniger stark ausgeprägten Individualitäten, noch verstärkt durch religiösen Zwiespalt, vermochte die wichtigen Nachwirkungen des frühern Zusammenlebens nicht aufzuheben. Europa, wenn auch äußerlich unverbunden, bewegt sich fortwährend als Ein großes Ganzes, gleichförmig in Einer Richtung fort: seine Staaten stehen in der lebendigsten Wechselwirkung; über seine Völker breitet sich die Atmosphäre einer gemeinsamen Ideenwelt aus, und durch Gesittung, Handel, die Vervollkommnung der Communicationsmittel rücken sie einander täglich näher. Daher die Sympathie, welche durch alle hindurchgeht, sie in Freude und Leid zu inniger, selbstaufopfernder Theilnahme bewegt, und jedem Ereigniß, das Eines betrifft, in allen übrigen einen Nachklang weckt.

So großartig nun das Schauspiel der Regungen dieses weltbürgerlichen Sinnes ist und einen so unverkennbaren Vorzug sie der neuern Zeit vor dem gehässigen Particularismus der alten Völker geben, so ist andererseits klar, wie nicht nur eine eigenthümliche, selbständige Gestaltung der einzelnen Staaten dadurch erschwert, sondern auch die Entstehung eines Patriotismus, wie wir ihn bei jenen bewundern, unmöglich gemacht wird. Seine Hauptstärke zog er dort aus der alles Fremde kalt oder feindlich ausschließenden Concentration der sämmtlichen Neigungen und Bestrebungen auf den eigenen Staat; bei uns kann ihre unbegrenzte Erweiterung nicht verfehlen, ihrer Innigkeit, besonders in Beziehung auf das Vaterland, Abbruch zu thun. Je weniger wir uns gegen Fremdes stolz abschließen, vielmehr es gerecht zu würdigen und uns anzueignen uns gewöhnt haben, um so mehr muß die Bewunderung des Einheimischen, diese Quelle des Nationalstolzes, und eine der ersten Triebfedern der Vaterlandsliebe, ermäßigt werden. Selbst den Staat von außen her mit dem Verlust seiner Unabhängigkeit bedrohende Gefahren, welche die Alten zum verzweifeltsten Widerstand aufregten, haben von ihrer Schreckbarkeit vieles verloren, da sie nicht mehr von Barbaren, sondern von mannigfach verwandten, in der Civilisation uns mehr oder weniger nahestehenden Eroberern herrühren können. — Aber gerade in diesem schrankenlosen Zerfließen in ein Allgemeines, dessen politische Folgen, besonders für die kleineren Staaten, nicht abzusehen sind, liegt eine dringende Aufforderung, dem mächtigen Zug eines ganzen Zeitalters, durch möglichste Befestigung und Stärkung des Besondern, ein Gleichgewicht entgegenzustellen. Daß das Bedürfniß gefühlt wird, scheinen die Bewegungen der Zeit zu beweisen, indem dem Streben nach Constitutionen gewiß, klar oder unbewußt, zugleich das Verlangen der Völker zu Grunde liegt, durch innigere politische Einigung ihre Nationalität zu bewahren.

Wie wenig die neueren Staaten bisher geeignet waren, jenem Bedürfnisse zu entsprechen, Gemeinsinn und Vaterlandsliebe zu wecken, die ins Weite hinausschweifenden oder engherzig an kleinlichen Privatinteressen haftenden Neigungen ihrer Angehörigen zu sich zu erheben und an sich zu fesseln, lehrt schon ein oberflächlicher Blick auf ihre Geschichte, wie auf ihre Beschaffenheit. Zwei Elemente sind es, welche ihre Grundlagen bilden: die Rechtsbürgschaft und das Lehnswesen, von welchen jene ihr Wesen, dieses ihre Form bestimmte. Der germanische Staat verdankt seinen Ursprung der Conföderation — einem Gesellschaftsvertrag zwischen Individuen und Corporationen, lediglich in der Absicht, sich gegenseitig den Genuß gewisser einzelner Rechte zu gewährleisten — während alles, was jenseits desselben lag, den Einzelnen, dem Zufall überlassen blieb. Dieser Staat, eine Sicherungsanstalt für die verbürgten Rechte, war bloß Mittel zu sehr beschränkten Zwecken, dem privatlichen großentheils tief untergeordnet. Selbst diese unvollkommne, dürftige Gestalt schloß den Gemeingeist nicht ganz aus; Gemeinschaft der Rechte und Genüsse, wenn auch noch so unbedeutend, besonders wenn sie etwas ausschließendes haben und der Anfechtung ausgesetzt sind, pflegt eine Gesellschaft mehr oder weniger stark zusammenzuhalten. Belege dafür sind die Corporationen des Mittelalters, die, als hätte aller Gemeinsinn jener Zeit in ihnen sich gesammelt, mit unerschütterlicher Hartnäckigkeit allen Angriffen Trotz geboten und ihr zähes Leben Jahrhunderte hindurch, zum Theil bis auf unsere Tage herabgeschleppt haben. Und jene Freistaaten des Alterthums selbst, was waren sie im Grund anders, als solche privilegirte Vereine in der Mitte einer sklavischen Bevölkerung und feindlicher, rechtloser Nachbarn? Der große Unterschied lag darin, daß die letzteren selbständige Staaten bildeten, die mittelalterlichen Corporationen dagegen egoistisch sich isolirende Bestandtheile eines größeren Ganzen, Staaten im Staate, auf ein gemeinsames Staatsleben geradezu störend einwirkten. Ueberhaupt war die große Ungleichheit, die sehr früh unter den Gemeindegenossen eintrat, der Tod des Gemeinsinns — und Verträge vermochten das erschlaffte und zerrissene Band nicht mehr anzuknüpfen. Der Vertrag unter Ungleichen ist nur die Sanction des als gesondert Bestehenden, er spricht die Trennung scharf aus und bestätigt sie, indem er zu vereinigen scheint. Die Staaten verfielen in unendliche Zersplitterung. Ein Vereinigungsband schien im Feudalismus gegeben zu sein — der Wurzel der modernen Monarchie — und der alle Individualitäten an Einen Mittelpunkt knüpfenden persönlichen Abhängigkeit von dem Lehensherrn, der höhere Ehre, Genuß und Schirm als Lohn der Unterwerfung und des Gehorsams gewährte. So lange der Geist, der dieses Verhältniß beseelte, frisch und lebendig blieb, war er die Quelle einer innigen Gemeinschaft und der schönsten Tugenden, treuer, rücksichtsloser Hingebung und heldenmüthiger Aufopferung — wie uns wenigstens die Lieder melden. Er entwich, sobald die Gemeinsamkeit der Abenteuer und des Genusses mit der Auflösung jener Waffenbrüderschaften aufgehört hatte, als die Lehenschaft nur noch ein Mittel des Erwerbs, eine Formel der Unterthänigkeit war und somit in die Classe der übrigen Vertragsverhältnisse zurücktrat. Das Grundprincip des Feudalismus aber, das Princip der Abhängigkeit Aller von der Person des Einen, ohne weitere Gemeinschaft untereinander, unter den verschiedensten Rechtstiteln und Verhältnissen, hatte die allmählich sich bildenden Staaten so durchdrungen, daß es Jahrhunderte hindurch als der Grundcharakter derselben zu betrachten ist. Persönlichkeiten aber sind ihrer Natur nach etwas wandelbares. Liebe zu einem guten Fürsten oder Bewunderung seiner großen oder wenigstens glänzenden Eigenschaften hat von Zeit zu Zeit die Völker begeistert und Wirkungen erzeugt, wie sie sonst nur dem Patriotismus eigen sind. Dem momentanen Aufschwung aber folgte unter veränderten Umständen sofort wieder Erschlaffung oder Gleichgültigkeit. Namentlich in solchen Schlummerperioden ist für die Monarchie ein inniger Verein zwischen den Unterthanen selbst, ist Vaterlandsliebe ein hohes Bedürfniß.

Es dauerte lange, bis sich über jenem Aggregat privatrechtlicher und persönlicher Verhältnisse allmählich die Idee des wahren Staates, als einer moralischen, das ganze Leben in allen seinen, auch in den bisher vernachlässigten Beziehungen umfassenden Gesammtheit entwickelte, bis der Staat sich seiner Würde und vollen Bedeutung bewußt wurde. Die Monarchen bemächtigten sich des ganzen, in den Verträgen unbeachteten, bisher gleichsam herrenlosen Gebietes, gewannen dadurch einen neuen, unermeßlichen Wirkungskreis und endigten in der Regel damit, auch die Vertragsrechte jener Corporationen, die als Vertreter, meist bloß der eigenen Interessen in dem Volke wenig Rückhalt hatten, zu vernichten. Die Staatsgewalt in ihrem vollen Umfang fand sich in den Händen der Fürsten vereinigt, und im Ganzen hatten die Unterthanen sich zunächst eben nicht darüber zu beklagen, da jene die Beförderung der öffentlichen Wohlfahrt als ihre Pflicht anerkannten und sie mit bisher nie erhörtem Eifer betrieben. Nur von einer Gemeinschaft war nicht die Rede, Patriotismus fand daher so wenig seine Stelle darin, daß Montesquieu ihn der monarchischen Verfassung geradezu abspricht. Der Fürst oder der Staat — denn beides war identisch — hatte sich seinem Eigenthum, dem Volk, als etwas Geschiedenes, beinahe Fremdes, gegenübergestellt, und dieses, sogar mehr noch als früher von allem Antheil an dem Oeffentlichen ausgeschlossen, es beschränkt auf den Betrieb seiner Privatinteressen und bevormundete es selbst in diesen.

Jene höhere Idee von dem Staat ist nicht germanischen Ursprungs — sie scheint den Alten entlehnt zu sein. Aus dem römischen Recht dämmerte den Fürsten zuerst der Gedanke, daß sie doch etwas mehr sein sollten als Lehensherren ihrer Vasallen und Grundherren ihrer Hintersassen; zugleich trug jenes Recht, ein Produkt der spätern Zeiten der römischen Cäsaren, nicht wenig bei, dem werdenden Staat eine streng monarchische Richtung zu geben. Bald aber begann auch das wieder auflebende Studium der alten Classiker wie auf Religion, Wissenschaft, Kunst, so auch auf die Politik seinen stillen Einfluß zu üben. Die Bilder der Herrlichkeit der alten Freistaaten konnten nicht verfehlen, auf die in der Civilisation vorgeschrittenen Völker tiefen Eindruck zu machen und ihnen die Sehnsucht nach eigenem, selbstthätigem Staatsleben zu erwecken. Mögen zu der französischen Revolution altgermanische Ueberlieferungen und reine Speculation noch so sehr beigetragen haben, unläugbar haben, wie schon die ungeheure Verwirrung der französischen Republik beweist, auch antike Ideen mächtig, vielleicht überwiegend, eingewirkt. Als reines Metall schieden sich aus der heftigen

Krise die neuen Constitutionen, welche, die Idee des Staates als eines Gemeinwesens auffassend, der alten Monarchie, jedoch nicht mehr als einer Privatsache und Feudalherrschaft, die Volksfreiheit vermählten, die vorher vielfach getrennten Unterthanen in Eine gleichartige Masse der Staatsbürger verschmelzen und sie zu thätiger Theilnahme an den öffentlichen Angelegenheiten in weiterem oder engerem Spielraum berufen. Einer langen Reihe von Jahrhunderten hatte es bedurft, bis auch nur die Grundbedingung des Patriotismus gegeben war, Jahrhunderte, während deren die Entfremdung, die Abneigung gegen den Staat, der selbstsüchtige, nur auf das Privatinteresse gerichtete Sinn tiefe Wurzeln schlug. Können wir erwarten, daß die Selbstsucht plötzlich der entgegengesetzten Gesinnung Raum gebe, daß der heute gepflanzte Baum morgen Früchte trage? Staatsformen, an sich etwas Todtes, gehen nur allmählich durch den Geist der Bürger ins Leben über, und von dem eröffneten Antheil an den öffentlichen Angelegenheiten bis zu wirklicher Theilnahme, und noch mehr zur Liebe zu denselben, ist ein weiter Schritt. Die Erschütterungen, welchen die neuen Verfassungen ihr Dasein verdanken, haben sich noch nicht gelegt; kampfgerüstet stehen sich die Parteien gegenüber, jede sicher und nur zu häufig geneigt, auswärts Verbündete zu suchen und zu finden; jeder Sieg steigert ihre Ansprüche, so daß kaum abzusehen ist, wohin die Grenzlinie des endlichen Vergleichs fallen werde. Unter diesen Umständen, namentlich wo die Staatsgewalt selbst Partei macht, ist ein die sämmtlichen Staatsgenossen umfassender Gemeingeist und die von diesem immer unzertrennliche Vaterlandsliebe unmöglich, so sehr auch sonst diese Kämpfe, indem sie die Einzelnen aus dem trägen Schlummer des Privatlebens aufrütteln und Theilnahme an dem öffentlichen erregen, dieselbe vorbereiten mögen. Daß der Vergleich, der doch früher oder später erfolgen muß, jene schöne Blüthe um so gewisser hervortreiben werde, ist zu wünschen, aber nicht zu hoffen. Ein Vertrag, wenn er auch die Parteien entwaffnet und ihnen ihre Rechte noch so genau und billig vorzeichnet, hebt den Gegensatz nicht auf; die Opposition wird fortdauern und im besten Fall wenigstens in gegenseitiger argwöhnischer Beobachtung sich äußern. Nicht auf dem streitigen Boden, nur auf einem andern neutralen Gebiete, in einer Gemeinschaft, in der Alle als Eines sich erkennen und fühlen, ist die Erhebung über den Kampf, die Verschmelzung der Gemüther, ist ein weiteres Element des Patriotismus zu suchen.

Dieser Einigungspunkt aber liegt außerhalb des Bereichs der materiellen Interessen. Es ist eine unglückliche, nur durch die Complicität unserer Staatsmaschinen und die Kostspieligkeit der Kriegsverfassung zu entschuldigende Richtung zu nennen, welche die neueren Staaten genommen haben, indem sie Emportreibung von Handel und Gewerbe durch positives Eingreifen, Bereicherung ihrer Unterthanen zu einer ihrer Hauptaufgabe machten; nichts hat ihrer Würde mehr geschadet, nichts sie in gefährlichere Collisionen mit den letztern gebracht. Allerdings müßte ein Volk, das unter den Lasten erliegt, welche der Staat ihm aufbürdet, sehr versucht sein, diesen als einen Feind zu betrachten, wie andererseits die Zufriedenheit, welche ein über alle Classen verbreiteter Wohlstand erzeugt, sicher eine der Hauptunterlagen des Patriotismus ist. Aber sie ist nicht selbst eine Triebfeder desselben, und noch irriger wäre es, durch künstliche Steigerung im Geist des Merkantilsystems ihn wecken zu wollen. Nie wird es gelingen, den Egoismus, dieses Gift der Gemeinsamkeit, durch Befriedigung seiner Interessen zu sättigen, eben so wenig als auf diesem Wege eine Vereinigung aller Interessen zu stiften. Unmöglich ist es, daß aus dieser Wurzel eine edlere bürgerliche Gesinnung entspringe; auch unter dem Firniß raffinirter Verfeinerung bleibt es gewöhnlich dieselbe kalte Selbstsucht, welche keinen Anstand nimmt, das Wohl und die Existenz des Staates ihrem Gewinn zu opfern. In der Regel sind nicht die Reichen, sondern eher die Armen selbstentsagender Hingebung an den Staat am fähigsten; und nicht, als Rom die asiatischen Schätze zuflossen, sondern da es noch keine Münze kannte als die kupferne, war der Patriotismus seiner Bürger am feurigsten. Wollte man mir das Beispiel Englands und der Handelsrepubliken der alten und der mittleren Zeit entgegenhalten, so würde ich gestehen, daß ich durch eine solche Anwendung auf die allerdings energischen Wirkungen der Habsucht jener, einer Compagnie von Monopolisten vergleichbaren Völker, welche Ehre und Menschlichkeit ihrem Idol unbedenklich zum Opfer bringen, den edeln Namen des Patriotismus, so trügerisch sie auch seine Farbe annehmen können, nicht entweihen möchte. Nicht an dem Glanze des Goldes entzündet sich die Flamme der Vaterlandsliebe; sie ist kein Gewächs, das der schweren Scholle entsteigt. Nur der Geist vermag das Todte zu beleben, das Feindliche zu versöhnen, die Schwerkraft der egoistischen Triebe zu überwältigen, eine Masse von Individuen mit Einer Seele zu durchströmen. Befragen wir die Erfahrung aller Zeiten, immer waren es Motive geistigerer Art, welche jene innige Anhänglichkeit an das Vaterland, jene feurige Begeisterung für daßelbe, jene Bereitwilligkeit, Alles für sein Wohl hinzugeben, erzeugten. Selbst bei den einfachen, rohen Naturvölkern, welche die Sehnsucht nach dem verlorenen vaterländischen Boden mit unwiderstehlicher, tödtlicher Gewalt ergreift, ist es nicht etwa die Gewährung einer Fülle physischen Genußes, welche ihnen denselben so theuer macht, — denn häufig reicht er ihnen unter Arbeit und Gefahr nur einen spärlichen Unterhalt — sondern es sind die Gemeinsamkeit des Lebens, die Reize gemeinschaftlich bestandener Gefahren, gemeinschaftlicher Spiele, der Zauber, den eine jugendliche Phantasie über die Natur ausgießt, und besonders die Erinnerung an die Thaten und Leiden der Väter, unter deren Gräbern sie wandeln und die jedem Fuß breit Landes eine höhere Bedeutung geben. Auch bei den Griechen erstreckte sich diese Gemüths- und Phantasiewelt noch tief in ihre glänzende Periode herab, und trug hauptsächlich bei, auch ihrem politischen Leben eine bewunderungswürdige Frische zu bewahren. Bei uns hat die Sonne der Civilisation jenen poetischen Thau der Vorzeit längst aufgetrocknet; die Sagen sind verklungen; Umwälzungen aller Art haben die Vergangenheit vernichtet, die Quellen des Lebens, das aus ihr strömte, verschüttet und der größeren Masse unserer Völker nur die nackte Gegenwart übrig gelassen. — Doch, — noch bleibt uns auch die Zukunft! Ist es möglich, die dürren Gebeine wieder grünen zu machen und dem todten Staatsmechanismus eine Seele einzuhauchen, so hat die Kunst diese Aufgabe zu lösen und mit Freiheit und Bewußtsein herzustellen, was in der Natur verloren gegangen ist. Gewiß, wenn irgend etwas sorgfältiger Pflege bedarf, so ist es der vaterländische Sinn, weil er das eingewurzeltste Uebel, den Egoismus, zu bekämpfen hat. Selbst bei den Alten war die politische Tugend weit weniger die Frucht der sich selbst überlassenen Natur, als vieler auf diesen Zweck trefflich berechneter Institute, welche die Staaten zu großen Erziehungs-Anstalten machten: ein Umstand, dem sie hauptsächlich den edlen Charakter verdankten, durch welchen sie einzig in der Geschichte dastehen. Wie roh erscheinen neben ihnen in dieser Hinsicht die modernen Staaten mit all ihrem complicirten Räderwerk! Keinem unter ihnen ist je der Gedanke gekommen, daß auch der Bürger als solcher einer Erziehung bedürfe; alles war gethan, wenn man den Einzelnen Gelegenheit machte, neben der nothbürftigsten, allgemein menschlichen Bildung solche und so

viel Kenntnisse und Fertigkeiten zu erwerben, als sie zu ihrem Privat=
beruf bedurften; die politischen Pflichten der Unterthanen, Treue und
Unterwürfigkeit einzuprägen, überließ man der Kirche. In der alten
Monarchie, welche die Unterthanen in völliger Passivität, fern von der
Politik auf den engen häuslichen Kreis beschränkte, mochte dieß angemessen
sein; für die Entwicklung der neuen constitutionellen Monarchieen da=
gegen ist es von höchster Wichtigkeit, — wichtiger als mancher Verfas=
sungsartikel, über den mit Erbitterung gestritten wird, — auf den Geist
ihrer Bürger frühe einzuwirken und sie zu ihrem politischen Beruf zweck=
mäßig heranzubilden, — theils durch Unterricht, in welchem der Vater=
landskunde und der vaterländischen Geschichte eine weit bedeutendere Stelle
einzuräumen, die Rechte, namentlich aber die Pflichten des Bürgers
dem Gemüth der Jugend frühe einzuprägen wären, — theils besonders
durch Uebung. Ein Staat, der den geistigen und physischen Anlagen
seiner Bürger allseitige Entwicklung und auf seinem Gebiete einen wür=
digen Spielraum anwiese, könnte schon dadurch, indem er ihnen einen
Genuß verschaffte, der jeden andern aufwiegt, ihrer Liebe versichert sein.
Freie Gemeindeverfassungen, öffentliche Gerichte, allgemeine Volksbewaff=
nung wären schon als politische Erziehungsmittel von größtem Einfluß.
Mögliche Gleichförmigkeit dieser Erziehung zum Staatsleben würde, indem
sie die Bürger geistig mit ihm vereinigte, eine Aehnlichkeit der Sitten
und Bestrebungen bei allen seinen Mitgliedern erzeugen, ohne welche
ächter Gemeinsinn nicht bestehen kann, und jene große Kluft zum
Theil ausfüllen, welche die höheren und niederen Stände wie zwei ganz
verschiedene Nationen von einander trennt.

Die nothwendige Grundlage für alles dieß aber ist ursprüngliche
Gemeinschaft des Stamms und der Sprache. Eine eigenthümliche
Volksbildung, welche die Staatsgenossen zum Bewußtsein Einer Persön=
lichkeit erhebt und das festeste der Bande um sie schlingt, läßt sich nur
auf dem Boden der Nationalität pflanzen. Elemente verschiedenen Ur=
sprungs werden nur sehr schwer und erst nach vielen Jahrhunderten zu
Einem Guß verschmelzen; Staaten dagegen, welche nur Theile einer
Nation begreifen, entbehren eines der kräftigsten Bindungsmittel, nämlich
des scharfen Gegensatzes nach außen, wenn nicht eine starke Föderativ=
verfassung zwischen den Staaten derselben Nation diesen Mangel ersetzt.
Lebendiges Nationalgefühl, Nationalstolz ist eine der wesentlichsten Be=
dingungen der Vaterlandsliebe; nur ein Volk, das sich selbst achtet und

andern Achtung einflößt, ist thatkräftiger, edler Selbstliebe fähig — und für schwächere Staaten ist auch in dieser Hinsicht nirgends Heil als in einer tüchtigen, nationalen Bundesverfassung. Aber nicht die stillen, anspruchlosen Tugenden der Moralität, nicht die Leistungen einer der Masse der Nation völlig fremd bleibenden Gelehrsamkeit sind es, welche den Nationalstolz entzünden, sondern, was mehr in die Sinne fällt, was die Phantasie ergreift, was eine Nation zu begeistern fähig ist, — Glanz der Nationalbildung, Macht, Stärke, Herrschergröße, namentlich eine große Nationalthat, was für die Griechen die Iliade und Salamis und Platäa wurde, und was für die Deutschen ihr letzter Freiheitskrieg hätte werden können.

Vollkommen anerkenne ich die Größe der Schwierigkeiten, welche theils äußere Umstände, theils besonders unsere Sitten und Angewöhnungen in den Weg legen. Kein Zweifel, daß wir uns noch in der Kindheit der politischen Entwicklung befinden, daß der Fortgang langsam, das Resultat nie sehr glänzend sein wird. Aber ernst ergeht an unsere Zeit die Anforderung, auf diesem oder anderem Wege jenem Ziel zuzustreben; es ist ein höchst verhängnißvoller Moment. Gelingt es Europa, seinen Verjüngungsproceß zu vollenden, den Mechanismus seiner Staaten neu zu beleben, den Geist seiner Völker in Harmonie zu bringen mit den neuen Einrichtungen seiner Staaten, so öffnet sich ihm eine unabsehliche Bahn veredelnder politischer Entwicklung; sollten aber diese Versuche scheitern, sollte über dem Kampf um Formen und Interessen das Dringendste versäumt werden, so steht Europa das schauerliche Loos des römischen Reichs bevor, das mit Allem, dessen wir uns rühmen, mit hoher Civilisation, Handel, Künsten, Wissenschaften, ausgebildeter Organisation, trefflichen Gesetzen doch in langsame Verwesung übergieng, weil politisches Leben und Vaterlandsliebe in seinen Völkern erstorben war.

Doch, verbannen wir an diesem festlichen Tage, der zu froherem Hinausblick in die Zukunft auffordert, jene trüben Befürchtungen. — Verloren ist nur, wer sich selbst verloren gibt; nicht an Mitteln fehlt es, lassen wir es an uns nicht fehlen, vertrauen im übrigen dem Genius der Zeit und der über uns waltenden Vorsehung und geben der Hoffnung Raum, daß früher oder später zu der angestammten Liebe zum Fürsten auch ächt und innig die Liebe zum Vaterlande sich gesellen werde!

Als Anhang zu den vorstehenden akademischen Reden theilen wir im Folgenden mit den von Haug als Rector der Universität ausgebrachten:

Trinkspruch am Geburtsfeste des Königs,

27. September 1850,

beim Festmahl im Gasthaus zur Post.

(Aufgezeichnet den 28. September.)

Meine Herren! Erlauben Sie mir, dem Aufrufe zu einem Lebehoch auf unsern hochverehrten König, den ich an Sie zu richten die Ehre haben werde, einige Worte vorangehen zu lassen, wie sie der festliche Anlaß, der uns hier zusammenführt, mit sich bringen dürfte.

Unser König ist heute in sein siebenzigstes Lebensjahr eingetreten; die Hälfte dieser Zeit füllt seine Regierung aus, das Drittheil eines Jahrhunderts; bei weitem der größte Theil der Menschen, welche jetzt das Land bewohnen, hat erst unter seinem Scepter das Lebenslicht erblickt.

Ueberschauen wir diesen langen Zeitraum, so drängen sich uns besonders zwei Bemerkungen auf, die geeignet sind, uns zu dankbarer Anerkennung zu verpflichten.

Die Jahrbücher Württembergs — des früher so oft von feindlichen und Freundes Heeren zertretenen und aufgezehrten, so oft in verderbliche, ihm fremde Kriege hineingerissenen Württembergs — weisen uns kein Beispiel eines so langen, ununterbrochenen Friedenszustandes auf. So konnten die Kräfte und Mittel, die dadurch erspart wurden, ungeschmälert der Wohlfahrt des Landes gewidmet werden. Es führt uns dieß auf den zweiten Punkt.

Die Geschichte Württembergs — und ich glaube selbst die gepriesene Regierung des Herzogs Christoph nicht ausnehmen zu dürfen — liefert kein Beispiel einer so regen, vielseitigen, reformatorischen Thätigkeit, wie sie sich unter König Wilhelm entwickelt hat. Württemberg hat unter ihm im Sinne der Neuzeit eine durchgreifende Umgestaltung erfahren,

deren Werth nur derjenige zu würdigen weiß, der damit die früheren
Zustände und die Zustände so mancher anderer deutscher Länder ver-
gleicht. Es würde lange werden, wenn ich alle die nützlichen Gesetze,
die zum Theil musterhaften Einrichtungen und Anstalten herzählen wollte,
die zu Hebung der Landwirthschaft, zu Belebung der Gewerbe und des
Handelsverkehrs, zu Erweiterung des öffentlichen Unterrichts, zu Weckung
des Gemeindelebens, zu Einführung strenger Ordnung im Staatshaushalt
und in allen Zweigen der Verwaltung, zu Verbesserung der Rechtspflege,
unter Seiner Regierung zu Tage getreten sind. Ich will nur zwei
dieser Schöpfungen besonders erwähnen: den großen Zollverein, ein
Werk, das in seiner weitgreifenden Bedeutung allein schon hinreichen
würde, Seinen Namen zu verewigen, und die Landesverfassung, die
heute vor einunddreißig Jahren verkündigt wurde. Sie ist nicht frei
von manchen einzelnen Mängeln, die indeß erst im Verlaufe der Zeit
fühlbar geworden sind; doch sollte man nicht vergessen, daß eben diese
Verfassung, sowohl nach den in ihr ausgesprochenen Grundsätzen, als
nach der Art und Weise, wie sie zu Stande gekommen, ihrer Zeit der
Gegenstand der Bewunderung und des Neides des ganzen Deutschlands
war. — Und nicht zu übersehen ist, daß das meiste davon dem freien
Antrieb unseres Königs verdankt wird, seinem nicht zu bezweifelnden,
ernsten Bestreben, die Wohlfahrt und Blüthe des Landes zu fördern,
daß, wenn jene reiche Aussaat nicht durchaus und sofort zur Frucht
aufgegangen ist, wenn Hemmungen eintraten, die Hauptursache in all=
gemeineren Verhältnissen lag, deren Einflusse sich zu entziehen einem
kleineren Staate schwer und bisweilen unmöglich wird — in jener In-
stitution, die in ihrem Unvermögen, das erwachende Leben der Nation
zu pflegen, zu fördern und in heilsame Bahnen zu lenken, — beschränken,
hemmen, niederhalten zu ihrer einzigen Aufgabe gemacht zu haben schien.

Was ich hier gesagt, ist nicht Wohlrednerei, die nicht meine Sache
ist, sondern die historische Gerechtigkeit, für die ein Zeugniß abzulegen
ich mich berufen glaubte. In der That, es gehörte das rastlos vorwärts=
bringende, überfliegende Streben der Zeit nach weiteren Verbesserungen,
der leidenschaftliche Parteigeist der letzten Jahre dazu, das Anerkenntniß
so vielfacher Verdienste zurückzudrängen.

Noch aber liegt die größte und schwierigste aller Aufgaben vor,
deren glückliche Lösung dem langen, ruhmvollen Regentenberuf des Königs
die Krone vorhält. Lassen Sie uns nicht verzweifeln! Ich bin gewiß,

4*

Sie Alle stimmen mit mir in dem Wunsche überein, daß es Ihm vergönnt sein möge, den Neubau der Verfassung unsers engeren und — so viel an ihm ist — der Verfassung des größeren deutschen Vaterlandes auf eine Weise zur Vollendung zu bringen, daß die Bedürfnisse — die wahren Bedürfnisse der Zeit und die gerechten Erwartungen der Nation, ja die Interessen der Krone selbst ihre Befriedigung finden.

Möge der Lenker der Schicksale der Völker, der bisher über Ihm gewaltet, ihn mit seinem Lichte erleuchten, ihm Leben und Kraft verleihen!

Hoch lebe König Wilhelm!

III.

Geschichte von Entringen, Schloß und Flecken.

Herrn Pfarrer M. Bossert
als Zeichen seiner Verehrung gewidmet
von

Februar 1830. F. S.

---

§. 1. Die Freiherren von Entringen.

Der Flecken Entringen liegt in einer Bucht des südlichen Abhangs des Schönbuchs, in deren Hintergrund, etwa eine Viertelstunde entfernt, auf einem steilen Vorsprung des Berges sich das Schloß Hohenentringen erhebt. Gegen Abend breitet sich auf diesem eine weite Aussicht bis an den Schwarzwald aus, gegen Mittag ragen die Gipfel der Alp über den Wald hervor. Die Luft ist mild, der Boden fruchtbar. Schon in sehr alten Zeiten mag die einst von Wald und Sumpf bedeckte Gegend urbar gemacht worden sein. Die Römer hatten Niederlassungen in der Nähe, zu Kuppingen, zu Tübingen und eine bedeutendere bei dem jetzigen Rottenburg; im Schönbuch glaubt man Spuren einer alten, vielleicht römischen Straße zu entdecken. Auch später, im Mittelalter, scheint eine Hauptstraße vom Bodensee in die Rheinpfalz durch dieses Thal geführt zu haben. Wir können, auch ohne mit Neobolus den Namen Entringen von den Römern abzuleiten[1] und ohne den Riesen

---

[1] Crusii Collectanea (handschriftlich auf der Tübinger Universitätsbibliothek; soweit sie Entringen betreffen, meist aus Mittheilungen des Pfarrers Neobolus; zum Theil sind sie in seine schwäbische Chronik aufgenommen): von E. N. T. R. = equites Neronis tributarii Romani; die Endung ingen = indigenae.

Aenother, der unter Karl dem Großen gegen die Wenden gedient haben soll, zu einem Entringer Herren zu machen[2], annehmen, daß der Ort lange bewohnt war, ehe er in Urkunden vorkommt.

Der Ammergau[3], in dem Entringen liegt, gehörte zum Sprengel des Bisthums Constanz und zwar zum Archidiakonat vor dem Wald, politisch aber wahrscheinlich zu der Grafschaft Tübingen[4]. Die ältesten Besitzer Entringens waren aus der in dieser Gegend nicht sehr zahlreichen Classe der Freiherren (liberi, barones), mit voller, alter Freiheit saßen sie auf ihrem Eigenthum, und nur die Beholzung im Schönbuch versetzte sie in eine gewisse Abhängigkeit von den jeweiligen Inhabern dieses Reichsforstes[5].

Die erste Erwähnung Entringens knüpft sich an die Herstellung des berühmten Klosters Hirsau im Jahr 1075 durch den mächtigen Grafen Adelbert von Calw, dessen weitläufige Besitzungen sich bis herab ins Ammerthal erstreckten und wohl auch den Schönbuch umfaßten. Unter den Zeugen bei jener Handlung wird in der Urkunde[6] nach dem Grafen von Achalm unmittelbar Domnus[6] Adalbertus[7] de Antringen genannt.

---

[2] So Neobolus, von Aenother Crus. Chron., übersetzt von Moser I, 285; ohnehin war er aus dem Thurgau. — Es seien ehemals Riesengebeine im Dorf Entringen gefunden worden, da große und lange Edelleute daselbst gewohnt haben. ibid. II, 456. — Mammuthsknochen wurden auch bei Tübingen, in ähnlicher Lage, ausgegraben.

[3] Der Käsebach, der durch Entringen fließt, fällt bei Pfäffingen in die Ammer. Uebrigens scheint die Gaueintheilung dieser Gegenden nie so fest wie anderwärts bestimmt oder frühe schon wieder verwirrt worden zu sein. Reusten wird zum Nagoldgau, Gilstein zum Wirmgau gerechnet. Daß der von Leichtlen, Schwaben unter den Römern ꝛc., nachgewiesene Sulichgau auch den Ammergau unter sich begriffen habe (p. 144), ist nicht so sicher, als er annimmt; der Tannenberg und Wurmlingerberg können zwischen beiden die Grenzscheide gebildet haben.

[4] Wenigstens gehörte Entringen später zum Tübinger Capitel und zum Tübinger Amt, Raih aber schon zu Herrenberg. Mit dem letztern stand Entringen, wie es scheint, nie in einiger Verbindung, erst in neuester Zeit ist es dem Herrenberger Oberamt zugetheilt worden.

[5] vid. unten §. 4. S. 65.

[6] Besold monum. rediviv. p. 519.

[6] Schon der Titel Domnus bezeichnet ihn als Freien. Die Behauptung Sattlers, Topographische Beschreibung von Wirtemberg p. 305, die Entringer seien vor Zeiten Ministerialen oder Dienstmannen gewesen, ist daher, sofern sie die älteren Zeiten betrifft, geradezu falsch.

[7] Nach Neobolus bei Crus. I, 731 haben die Edeln von Entringen den Namen

Schon daraus läßt sich auf eine gewisse Wichtigkeit unserer Freiherren schließen, die aber freilich mit ihrem Vermögen, wenigstens wenn wir es nach ihren wenigen Schenkungen an Klöster abmessen dürfen, in keinem Verhältniß zu stehen scheint. Die einzigen, von denen wir wissen, sind eine Hube zu Mebosheim (Mönsheim?) und ein Wald bei Wurmlingen, welche Friederich von Entringen, den letztern für seinen gleichnamigen Sohn, zum Kloster Hirsau stiftet[8].

An die Stelle der Grafen von Calw, in deren Gesellschaft die Herren von Entringen zuerst erscheinen, treten bald die Pfalzgraven von Tübingen. Seit 1080, wo bei der auch für die Umgegend verwüstenden Belagerung durch Kaiser Heinrich IV. der Name Tübingen zuerst vorkommt, breitet sich, hauptsächlich durch den Erwerb eines Theils der Calw'schen Erbschaft, ihre Macht das Ammerthal hinauf und über den Schönbuch aus, so daß Entringen von ihren Besitzungen umgeben ist. Einen Theil dieses Reichthums widmet Pfalzgrav Rudolf zu Stiftung des auch für Entringen mehrfach wichtigen Klosters Bebenhausen. Bei dem Eintausch des Speier'schen Grund und Bodens, auf dem es erbaut werden soll, tritt unter den Zeugen[9] ein Beringer de Antringen, Speier'scher Domherr, auf; und 1191 bei Bestätigung der Stiftung[9] unter den liberis wieder zunächst nach den Graven, Eberhard de Antringen, während alle benachbarten Edelleute von Hailfingen, Pfäffingen, Boltringen, Bondorf ꝛc. nur der niedern Ordnung der Tübingen'schen Dienstmannen angehören.

Dieser Eberhard ist der letzte freiherrliche Besitzer Entringens, dessen die Urkunden gedenken. Das Geschlecht erlischt, wenn auch glänzend, im priesterlichen Stande. Mit besonderer Vorliebe scheint es sich der bischöflichen Kirche von Speier gewidmet zu haben, welche Besitzungen in der Nähe hatte und in deren Sprengel Hirsau lag. Beringer von Entringen, ohne Zweifel der bereits erwähnte Canonicus, erscheint 1220

Albert stark geführt. Sollte er noch weitere Nachrichten vor sich gehabt haben? Unter den Freiherren wenigstens findet sich sonst keiner dieses Namens.

[8] Aus den Tradit. Hirsaug. in Crus. Collect.; diese Schenkung ist schwerlich später als die Mitte des 12. Jahrhunderts. — Bemerkt muß werden, daß auch das Necrologium von Zwiefalten, bei Hess, monum. Guelf. I, 251 unter dem IV. Kal. Dec. einen Landolt de Antringin enthält, der gewiß nicht umsonst zu dieser Ehre gekommen ist.

[9] Besold l. c. p. 356 u. 359.

als Coabjutor des Bisthums, und 1224 besteigt er den bischöflichen Stuhl selbst [10], — ein freundlicher, wohlthätiger Mann und guter Haushälter, wie von ihm gerühmt wird. Die Gebeine des ermordeten Königs Philipp aus dem Hause Hohenstaufen, dessen Partei auch die Pfalzgraven von Tübingen seit ihrer Entzweiung mit den Welfen eifrig ergriffen hatten, wurden von ihm in Speier beigesetzt. Er starb 1232. Etwas später kommt ein anderer Entringer desselben Namens gleichfalls unter den Speier'schen Domherren vor [11], der 1259 einige Güter zu Königsbach (im Badenschen) für seine Lehen anerkennt [12]. Mit ihm verschwindet der Stamm der Freiherren.

§. 2. Die Edeln von Hailfingen, Zollern und Beßenhausen.

Zwar erscheint 1273 wieder ein H. de Entringen als Chorherr zu Sindelfingen [13]; — allein er gehört, wie schon der Name und der Ort vermuthen läßt, bereits einer andern Familie an. Er ist ohne Zweifel ein Edler von Hailfingen und derselbe, der 1297 als Probst starb; er wird ein Neffe Conrads von Hailfingen genannt, der achte Probst jenes Stiftes, dem damals nicht nur die Hailfinger, sondern auch die Wurmlinger und andere Edelleute der Gegend zugethan waren. Diese Hailfinger, deren 1188 das erstemal Erwähnung geschieht, Ministerialen oder unfreie Dienstmannen der Pfalzgraven von Tübingen, vertauschten ihr altes Haus auf ihrem Stammgut jetzt mit der stattlichen Feste Hohen-Entringen. Wenn und wie sie zu dieser gelangt, ist nicht bekannt. Auf jeden Fall besaßen sie dieselbe nur zum Theil als freies Eigenthum, das übrige als Lehen von den Graven von Zollern, auf welche es von den Freiherren durch Kauf oder Erbschaft übergegangen sein mag.

Die sogenannte Gravenfehde zwischen Zollern und Württemberg einerseits und dem mit Tübingen verbündeten, von König Rudolf zum

---

[10] Catalog. episcopor. Spirens. bei Eccard corpus hist. II, 2275. Berenger s. Beringerus Baro de Entringen ex Suevia, elegitur a. 1224, praefuit a. 8. Bucelin. German. sacr. I, 9. Beringerus Baro de Entringen, aliis Ebringen, vir optimus. Lehmann, Chronik von Speier. 1711, p. 528. Warum Neobolus vermuthet, ein Name habe Eberhard geheißen, läßt sich nicht erklären.

[11] Schöpflin hist. Zaringo Bad. V, 233.

[12] Sattler, topgr. Beschreibung p. 305.

[13] Chron. Sindelfing. in Crus. Collect.

Landvogt über Schwaben bestellten Graven von Hohenberg, der in dem von ihm (1270) erbauten Rottenburg seinen Sitz aufgeschlagen hatte, wüthete besonders in unserer Gegend. Bebenhausen und Sindelfingen litten viel; 1283 wurde das Schloß Boltringen zerstört und 1284 den 22. Februar bemächtigte sich Friedrich Grav von Zollern der Burg Entringen [14]. Aber so bequem für ihn dieser Punkt war, seine Feinde im Rücken zu beunruhigen, so lästig mußte seine Gegenwart den Burgbewohnern fallen. Sie waren nicht bloß ihm, sondern auch seinen Gegnern, den Pfalzgraven, als ihren angestammten Herren, verpflichtet; und nicht einmal als seine Vasallen waren sie unbedingt verbunden, ihn in ihre Mauern aufzunehmen [15]. Schon den 16. April wurde er wieder vertrieben durch einen gewissen Marquard [16]. Dieser etwas kriegerische Auftritt, der einzige in Entringens friedlicher Geschichte, scheint in den bisherigen Verhältnissen nichts verrückt zu haben [17]. Der mißlungene Versuch wurde von den Zollern nicht wiederholt; die Hailfinger erkannten fortwährend die über 4—5 Theile [18] der Burg mit Zubehör sich

---

[14] Chron. Sindelf. in Crus. Coll. 1284 traditum fuit castrum Entringen comiti Friderico die cathedrae Petri, sed postea eum et suos ejecit inde XV. Kal. Maii Marquardus.

[15] Bereits damals scheint der unten anzuführende Burgfriede zwischen den Mitbesitzern stattgefunden zu haben; als freie Eigenthümer eines Theils der Burg standen die Hailfinger, wenn auch in anderer Hinsicht ihm untergeordnet, mit dem Graven in gleichem Recht.

[16] Die Chronik bezeichnet diesen Marquard nicht näher. Man könnte auf mehrere der Zeit vorkommende Personen dieses Namens rathen: Marquard von Schellenberg, 1298 Landvogteiverwalter in Oberschwaben — die Schellenberg hatten Güter in Entringen, welche sie 1300 an Bebenhausen verkaufen (Crus. Coll.); 1288 M. von Weitingen und 1304 Marq. niger miles de Alttorf, beide Tübing. Ministerialen. Am wahrscheinlichsten war es entweder selbst ein Hailfinger (Marquard ist bei ihnen ein sehr gewöhnlicher Familiennamen), oder Marquard von Ehingen, ein hohenbergischer Vasall, dessen Familie mit den Hailfingen kurz darauf innig verbunden erscheint.

[17] Chron. Sind. kommen in demselben Jahr in vigilia Nicolai die Graven von Hohenberg und Zollern in Sindelfingen zusammen. — Die bisherigen Verhältnisse; denn daß die zollerische Lehensherrlichkeit erst Folge dieses Angriffs gewesen wäre, läßt sich nicht denken — bei dem mitten im Faustrecht rechtlichen Geist jener Zeit, der im Krieg das Recht der Verwüstung, nicht aber der Eroberung kannte.

[18] So Burgermeister, thesaurus jur. equestris I, 357, aus hohenzollerischen Lehensreversen. Zu wie vielen Theilen das ganze gerechnet war, finde ich nirgends

erstreckende Lehensherrlichkeit der Graven an, ohne ihnen übrigens sonst zu etwas verbunden zu sein; selbst über ihre Lehensantheile schienen sie mit ziemlicher Freiheit verfügt zu haben, nur daß jedesmal der neu eintretende eine neue Lehensverschreibung ausstellte. Grav Friedrich (senior), nach dem verheerenden württembergischen Einfall in sein Gebiet (1291), eilte, sich des Rests dieser Besitzung zu entschlagen. 1296 verkaufte er für 450 Pfund Heller den Frohnhof, Widamhof, Maierhof mit sammt dem Gehenthof, die ganze Seite der Gasse um den Kirchhof, fünf Häuser, auch einiges in Braitenholz an das Kloster Bebenhausen; das Patronat oder den Kirchensatz gab er mit in den Kauf, als freies Geschenk für die heilige Jungfrau und den Convent[19]. Auch dem Frauenkloster Stetten unter Zollern hatte er einiges vergabt[20]. Die Graven von Simmeringen und von Böhringen, um dieselbe Zeit, wo sie ihre Grafschaften an König Albrecht verkauften, a. 1300, schenkten ihre Weinberge in Entringen den Bebenhäuser Mönchen[21].

So tritt Bebenhausen in die Reihe der Besitzer in Entringen Dorf. Längst hatte es angefangen, sein Gebiet in der Nachbarschaft auszubreiten, seine wichtigsten Käufe aber fallen in diese Zeit. Die unbeschränkte Holzgerechtigkeit im Schönbuch gehörte gleich zu seiner Ausstattung; bald darauf erhielt es durch die verschwenderische Andacht der Tübinger Pfalzgraven Güter in Hirsau, Wurmlingen, Entringen ic.[22]; dann durch kluge Benützung ihrer Geldnoth 1292 ihre Besitzungen in Oberndorf, Reusten, den Kirchensatz in Oberkirch, 1295, 96, 98 Güter und Vogtei zu Jesingen, das oppidum Haginloch, alles von der Ammer hinauf am Oerlebach (?) bis hinten zum Schloß Entringen. Dazu kamen die Güter

---

angemerkt; aber nach der oft bedeutenden Zahl derer, welche gleichzeitig nebeneinander das zollerische Lehen genossen, muß dieses wenigstens die Hälfte ausgemacht haben.

[19] Der Kaufbrief, Eßlingen den 22. November 1296. Crus. Collect. und genauer Annales Bebenhus. in Ludewig Reliquiae T. X, 423.

[20] Nach den Lagerbüchern mußte noch 1565, nach altem Herkommen, in der Kloster Frauen zu Stetten Weingarten in Bogenäckern von der Heiligenpflege 12 Karren Mist gegeben werden. — Ein Acker (vorher Weinberg) an der Heerdsteige hieß damals der Zoller.

[21] In Hedlinsberg — nun der Mönchberg genannt.

[22] Annal. Beb. p. 413. a. 1192, bestätigt a. 1277. Hess, monum. I, 257 hat aus einer sehr jungen Handschrift, statt Entr., Utingen. In dem päpstlichen Privilegium von 1202 kommen noch keine Bebenh. Besitzungen in Entringen vor, wohl aber a. 1229 (Besold p. 375) zu Entringen, Pfäffingen ic.

und Weinberge der Simmeringen, Böhringen, Schellenberg in Entringen und Braitenholz; und 1291 ebendaselbst ein bedeutender Anlauf von Peter von Biningen ²³. Die Hailfingen machten Bebenhausen zu ihrem Familienkloster; sie nahmen häufig darin die Kutte (1412—32 wird einer von ihnen, Heinrich, sogar Abt) und ließen sich gewöhnlich im Kreuzgang, wo noch später eine lange Reihe ihrer Epitaphien zu sehen war, begraben; — auch sie konnten daher mit ihren Gaben nicht ganz zurückbleiben. 1308 schenkte Hildegard von Hailfingen alle ihre Güter im Hecklinsberg und einige Wiesen am Rorbach; ebenso zwei andere weibliche Mitglieder der Familie ihre Leibeigenen und Güter zu Reuſten; und 1327 verkauften sie den Frohnhof zu Entringen mit allem Zubehör für 35 Pfund Heller (nochmal!) an das Kloster. — Auf diesem Fronhof (wahrscheinlich dem jetzigen Pfarrhaus) haftete das Patronat der Kirche und das Recht, die Priester daran zu bestellen. Bald wußte der Convent sich auch das Recht zu verschaffen, über die Einkünfte der Kirche willkürlich zu verfügen.

Unter dem Vorwand der durch Württemberg erlittenen Beschädigung, die indessen den Abt Conrad von Lustnau (1320—53) nicht abhielt, das steinerne Sommerrefectorium, den Glockenthurm, das prächtige Fenster hinter dem Altar ꝛc. mit großem Aufwand zu bauen, wurde auf seine Bitte durch den Bischof von Constanz mit Genehmigung des Papstes Johann XXII. unter andern auch die Kirche zu Entringen dem Kloster auf immer einverleibt mit der Befugniß, nach dem Absterben des gegenwärtigen Kirchherrn ihre Einkünfte zum eigenen Nutzen zu verwenden, jedoch so, daß für einen beständigen Vikar ein hinreichender Unterhalt ausgesetzt würde ²⁴. Entweder aber waren diese Einkünfte früher sehr reichlich oder machte der Abt bescheidenen Gebrauch von seiner Vollmacht; die Kirche scheint auch fernerhin nie kärglich gehalten worden zu sein ²⁴ᵃ. Der erste namhafte Geistliche zu Entringen ist

---

²³ Crus. coll. 30 Morgen Aecker, 3 Morgen Weinberge, 3 Morgen Wiesen, 5 Höfe, bei Entringen. Ann. Beb. p. 421 apud Eretringen.

²⁴ In der Bulle Johanns XXII. vom Jahre 1326 werden zwar nur die Kirchen von Tübingen, Oberkirch, Altingen genannt; Entringen könnte nachher dazu gekommen sein. Die Annal. Beb. p. 424 sagen überhaupt, der Abt Conrad mensae nostrae et pitantiae perpetuo unibit die Kirchen zu Tübingen, Lustnau, Entringen, Oberkirch, Altingen und noch einige andere.

²⁴ᵃ Der Pfarrer heißt 1490 Kirchherr, — so daß man an der Nachricht der

Pfaff Conrad Sölbelin, der 1347 unter den Zeugen beim Verkauf einiger eigenen Leute Conrads von Ehingen vorkommt[25].

§. 3. Die Ganerben von Entringen.

Was die Mönche einmal erworben hatten, das wußten sie festzuhalten; im Uebrigen ist beständiger Wechsel des Besitzes, den im Zusammenhang zu verfolgen unmöglich ist. Durch Kauf und Tausch wanderten Güter und Höfe von einer Hand zur andern und mit ihnen die darauf angesessenen, zu Frohn und Zins verpflichteten sogenannten armen Leute oder Leibeigenen, aus welchen vielleicht mit wenigen Ausnahmen die Bewohner des Fleckens bestanden. Selten werden sie bei dem Güterverkauf ausdrücklich erwähnt, wie 1326, wo Hug von Hagenloch an die Pfalzgraven seine eigenen Leute, Werdruth des Sanners Ehefrau von Entringen und Mechthild die Kaiserin und ihre Kinder, Knaben und Töchter, um 10 Pfund Heller verkauft[26]. Entweder auf diesem Wege oder mehr noch durch Heirathen kam ein großer Theil des Hailfingischen Besitzes nach und nach in andere Hände.

Die Ehinger, ein altes, bei Rottenburg, zu Niedernau, in der Altstadt, zu Ehingen, das nach einer Sage ihnen seinen Ursprung verdankt, wohlbegütertes[27] Geschlecht waren mit den Hailfingen längst verwandt und befreundet[28].

Zwei Enkel Marquards v. Ehingen, Ritters, der 1294 zu Rottenburg

---

Ann. Beb. zweifeln möchte, wenn diese nicht, wie man wohl sieht, aus Urkunden geschöpft hätten.

[15] Crus. Chron. I, 921.

[16] Königl. Archiv. Ein noch wohlfeilerer Kauf dieser Art, zwei Frauen und die Kinder, die davon kommen mögen, um drei Pfund. Crus. Chr. I, 903.

[17] Haßler, Geschichte von Rottenburg. Memminger, Beschreibung des Oberamts Rottenburg. Noch 1466 haben sie Zehenten in der Stadt Ehingen und in dem Gebiet der Altstadt. Sulger annal. Zwiefalt. II, 65.

[18] Nach Bucelin Genealog. German. notitia (die übrigens nicht überall richtig ist) war Marquards Urgroßmutter eine Hailfingerin. Im Chron. Constantiense bei Pistor. Struv. scriptt. rer. German. III, 746 ziehen 1235, mit den Herren v. Neuffen, unter andern auch nobiles de Hailfingen etc., et strenuus miles Eheneck — magnus ille miles Cheneble (?) seu Ehenegk (Ehingen?) wider den Bischof von Constanz. — Auch später lebte besonders in diesem Geschlecht ein ritterlicher Geist.

bei den Carmelitern einen Jahrtag stiftete (Marquard von Ehingen, der sechste Prior von Reichenbach, noch 1316—1339. Buc. I, 75 von 1343—53), Söhne Reinhards, der 1319 daselbst begraben wurde, Burcard und Reinhard, waren vermählt an zwei Schwestern, Sophia und Anna, Töchter Hugo's von Hailfingen[19]. Diese, nachdem sie einiges an Bebenhausen veräußert hatten, vermachten 1328 mit Erlaubniß des Pfalzgraven und ihrer Anverwandten, in Gegenwart und mit Einwilligung Anshelms und Hugo's v. Hailfingen und ihres Vogts, Conrads von Ehingen, ihr ganzes väterrliches Vermögen zu Hohenentringen und im Schönbuch ihren Männern[20]. — Ein Theil von Entringen an der Burg, mit Zubehör zu Entringen, Boltringen, Oberndorf, Reusten, Kaih, eigen und Lehen, war von Anshelm v. Hailfingen[11] an Wolf v. Ebersberg gekommen und wurde von diesem und seiner Wirthin von Urbach 1332 für 500 Gulden an die Herter zu Dußlingen verkauft, welche 1337 und 1364 von Heinrich v. Neueneck und von Heinrich v. Hailfingen und seinem Sohn auch ihre Güter zu Braitenholz und im Schönbuch an sich brachten und einen Theil von Jesingen besaßen. Ihren Theil an der Burg übrigens müssen sie bald wieder veräußert haben*. Einen beträchtlichen Antheil erwarben sich, wahrscheinlich durch Heirath, die Gültlingen (vor 1387) und etwas später (wenigstens vor 1413) die Wähingen[12]. Dazu kamen noch später die Stadion.

---

[19] Hugo von Hailfingen schenkt 1293 an Bebenhausen, ist 1301 unter den Tübing. Ministerialen.

[20] Crus. Chr. I, 867 (wo auch eine Stammtafel und noch mehreres über d. Ehingen) in offenem Gericht; theils ab intestato auf ihre Kinder, theils durch letzten Willen erblich transferirt. Es war freies Eigenthum (nicht Lehen), als welches es auch die Ehinger besaßen. Beide Brüder mit ihren Gemahlinnen sind gleichfalls bei den Carmelitern begraben, wo sie sich eine eigene Gruft und Altar stifteten.

[11] Crus. Chr. I, 900, obgleich er einen Sohn hatte; er hatte es von Heinrich von Hailfingen, seinem Schwager, und Marquard, seinem Sohn. 1298 hatte Peter von Hailfingen seinem Vetter Anshelm seinen Theil an der Burg Entringen überlassen (Sattler, topogr. Beschr. p. 305). Auch die Herter hatten ihr Begräbniß zu Bebenhausen.

* Doch ist noch 1392 Hans Herter unter den Edelleuten, welche von Grav Eberhard dem Milden mit dem zu Burg Entringen gehörigen Schönbuchsrechten belehnt werden. Sattler, Gravengeschichte II, 2.

[12] Sie werden auch Wehingen, Wächingen geschrieben. Eine Burg Wähingen (jetzt noch ein Dorf) in der Grafschaft Hohenberg, eine andere stand auf dem Berg

Der Besitz der Lichtenstein und Bubenhofen war von kurzer Dauer.

Mehrere dieser Familien hatten sich eines außerordentlichen Kindersegens zu erfreuen. Fünf Edelleute, die um 1417 in Entringen wohnten, sollen zusammen hundert Kinder gezeugt, und wie die Sage übertreibend beifügt, wenn sie zur Kirche ins Dorf hinabgiengen, ihre Reihe sich vom Schloß bis nahe an diese erstreckt haben [13]. Da Söhne und Töchter erbten, so vervielfältigten sich die Antheile immer mehr. 1405 wird Hans v. Gültlingen, Sohn des in diesem Jahr verstorbenen und zu Bebenhausen begrabenen edeln und vortrefflichen Schwarz-Hansen, und 1417, 18, 19 (vielleicht seine Söhne) Heinrich, Burkhard und Hans belehnt; 1387 von den Hailfingen, dem gesegnetsten dieser Geschlechter, Geori (Georg), Märklin (Marquard) und Albrecht (wahrscheinlich Brüder), Heinrich und Conrad, Anshelms Sohn; 1392 starb Märklin und hinterließ unter Auberlin's (Albrechts) Vormundschaft wieder zwei Söhne, Hänslin und Märklin, welche sofort in die Mitgenossenschaft eintraten [14]. Die Entringer Linie der Ehinger endlich, damals dem Erlöschen nahe, wurde von Rudolf von Ehingen mit neunzehn Sprößlingen wieder aufgefrischt.

Wenn man nun auch Töchter und jüngere Söhne im geistlichen Stand unterbrachte — wie denn 1421 ein Wilhelm v. Hailfingen Johanniter-Kommenthur zu Mergentheim, 1412 ein Heinrich v. Hailfingen Abt zu Bebenhausen, 1457 ein anderer Heinrich v. Hailfingen Mönch, Priester und Bebenhäusischer Pfleger zu Roseck, 1473 eine Adelheid v. Hailfingen Klosterfrau zu Pfullingen ist — wenn andere in

---

ober Jesingen. 1369 ist ein Kabolt von Wähingen unter den hohenbergischen Vasallen. Burgerm. thesaur. p. 506; ein Wähingen fiel bei Sempach. Birken, östreich. Ehrenspiegel p. 370, wo auch ihr Wappen.

[13] Crus. Chron. II, 39, 82. Er zählt die fünf auf: 1) Hans v. Hailfingen mit seiner Frau, geb. v. Nippenburg, 20 Kinder. 2) Rudolf v. Ehingen und Agnes v. Waldeck 19. 3) Märk v. Hailfingen und Ursula v. Bubenhofen 19. 4) Georg v. Hailfingen 21. 5) Hugo (? Hans) v. Gültlingen und seine Frau, eine Schillingin 21. Nach Sattler p. 305 waren es 10 Edelleute, meist Hailfingen.

[14] Crus. und das Königl. Archiv: Das Verzeichniß könnte noch in vielen Namen fortgeführt werden, aus denen aber, schon weil mehrere zu gleicher Zeit Einen Vornamen führen, nicht viel zu machen ist. cf. Crus. Chr. II, 39, wo die zu Bebenhausen begrabenen Hailfingen aufgezählt werden.

die Dienste der benachbarten Landesherren traten, so war an und für sich schon dieß eine geringe Erleichterung, da alle mit Geld ausgestattet und dafür väterliche Güter ihnen als Unterpfand verschrieben werden mußten; und auch so noch blieben der Besitzer genug übrig. 1413 schließen acht Theilgenossen des Schlosses Entringen einen Burgfrieden. Die meisten hatten zwar noch andere Besitzungen; die Gültlingen namentlich Berneck ꝛc.; Burg Wähingen lag ganz in der Nähe ober Jesingen [15]; eine andere Burg, Müheneck, über Braitenholz, von der noch Ruinen sichtbar sind, gehörte den Hailfingen [16]; eben dieselben besaßen mit den Ehingen als gräblich Ebersteinisches Lehen die Veste Boltringen [17], und im Dorfe Entringen selbst, auf dem Berg, war ein Haus, die Graneck genannt, von ihnen bewohnt [18]. Immer aber scheint die feste und hohe Burg Entringen, von der sie einen beträchtlichen Theil ihrer Besitzungen übersehen konnten, ihr Haupt- und Lieblings-Aufenthalt gewesen zu sein.

Schloß Entringen enthält gegenwärtig nur Ein Wohnhaus; in den achtziger Jahren des letzten Jahrhunderts wurde ein Gebäude (eine Scheuer?) durch den Blitz in Asche gelegt; außerdem ist kein Raum da; den tiefen und breiten Graben gegen den Wald hin deckte ein jetzt abgebrochener Thurm, allein, wenn er auch zu Wohnungen eingerichtet war, so muß auf jeden Fall für den Burgvogt, Pförtner, Gesinde ꝛc. etwas gerechnet werden. Wir müssen uns also alle jene zahlreichen Familien in das Eine, wenn auch geräumige Haus zusammengedrängt denken — ein Bild der patriarchalen Einfalt jener Zeit, und noch anmuthiger durch die Versicherung, daß sie ganz einträchtig und liebreich zusammengelebt haben.

Diese Familien, welche mit einander Theil und gemeine Hand an dem Schloß mit Zubehör hatten, bildeten eine sogenannte Ganerbschaft [19], deren es damals (vor Einführung der Majorate) in unserem Lande

---

[15] Crus. II, 424.
[16] Ibid. u. Burgerm. status equestr. p. 386.
[17] Crus. II, 17.
[18] Crus. II, 425, noch zu seiner Zeit, obgleich alt und baufällig, von Gültlingen bewohnt.
[19] Königl. Archiv. Die Ganerben des Schlosses Entringen. Fromman (Lauterbach) tractatus de condominio territorii Tub. 1682. p. 57 u. Burgerm. thes. equest. I, 357 führen Entringen als Beispiel einer Ganerbschaft an.

mehrere gab. Nur die Gemächer¹⁰, wo jeder mit Weib und Kindern hauste, nebst den dazu gehörigen Gülten und Gütern waren abgesonderter Besitz; sowie einer vor seine Thüre hinaustrat, befand er sich auf der Almand oder Gemeinschaft. Gemeinschaftlich waren Mauern und Pforten, Kapelle und Trinkstube, Burgplatz und Wege, Pförtner und Wächter; auch die Amtleute und Knechte der Einzelnen schwuren, allen gehorsam und gewärtig zu sein. Die Gesetze, deren ein solches kleines Gemeinwesen bedurfte, hießen der Burgfrieden. Keiner sollte von dem andern, innerhalb eines gewissen Umkreises, sonderlich an seinem Theil des Schlosses beschädigt, Stöße und Mißhellungen gütlich unter ihnen ausgetragen werden. Will einer seinen Theil veräußern, so haben die andern den Vorkauf; geht einer ohne Leibeserben ab, so verfällt seine Hinterlassenschaft nicht dem Lehensherrn, sondern bleibt den andern. Jeder Theilgenosse ist zu Erhaltung und Vertheidigung der Burg verpflichtet und haftet für die Gäste, die er einführt. Muthwillige und unredliche Kriege sollen vermieden werden, damit der Veste kein Uebles davon geschehe. Schlösser dieser Art, zum Theil wahre Räuberhöhlen, wurden so berüchtigt, daß 1500 eine besondere Verordnung Kaiser Maximilians wider der Ganerben Schloß ergieng. Von den friedlichen Bewohnern Entringens scheint die Ruhe der Umgegend nie gestört worden zu sein.

§. 4. Verhältnisse zu Württemberg, Baden &c.

Ungeachtet der mehrfachen Abhängigkeit, in welcher diese Edelleute (nobiles — vom niedern Adel) standen, genossen sie eines hohen Grades von Freiheit. Von der alten persönlichen Dienstbarkeit der Ministerialen hatte diese Zeit fast jede Spur verwischt. Einen Theil Entringens besaßen sie als freies Eigenthum; die Hohenzollern, von denen sie den andern zu Lehen trugen, waren ferne und ohne Einfluß. Beengender drohte das Verhältniß zu werden, in welches sie durch den Abgang der Pfalzgraven von Tübingen zu Württemberg geriethen. 1342—44 erkaufte dieses Tübingen und den Schönbuch, 1379—82 die Herrschaft Herrenberg bis Kaib herab. Entringen war, wie zuvor von tübingi-

---

¹⁰ Da die Verhältnisse überall im Ganzen dieselben waren, so glaubte man die folgenden Züge theils aus allgemeinen Beschreibungen, wie Fromman u. Kyndlinger de ganerbiis castrorum. Tub. 1620, theils aus gleichzeitigen, andere Ganerbiate betreffenden Urkunden bei Schöpflin Hist. Zaringo Bad. T. VI. p. 22, 59, 61, 192 schöpfen zu dürfen.

schem, so jetzt meist von württembergischem Gebiete umgeben. 1343 begab sich Bebenhausen mit seinen Gütern, Leuten, Kirchherren, Pfaffen ꝛc. in und um Tübingen (also wohl auch zu Entringen) freiwillig unter den Schirm des Grafen Ulrich [41]; und 1387 stellen die Entringer Edelleute Lehensreverse an Württemberg aus [42] — alle wegen der von Alters her zur Burg Entringen, zu Boltringen und Pfäffingen gehörigen, bisher also von Tübingen zu Lehen rührenden Beholzungsrechte im Schönbuch; und noch besonders die Hailfingen, die Gültlingen und Ehingen wegen verschiedener Weingärten, Wiesen ꝛc. [43]. 1442 bei der Theilung Württembergs fielen mit Tübingen, Herrenberg, Böblingen ꝛc. auch diese Lehensleute, Georg, Hans und Märklin v. Hailfingen, Hans und Heinrich der Aeltere v. Gültlingen und Ruff (Rudolf) v. Ehingen dem Grafen Ludwig zu. — Noch stärker als durch dieses Lehensband wurden sie durch die Vortheile des württembergischen Dienstes und durch den Glanz der württembergischen Hofhaltung angezogen. Wir treffen sie als Vögte zu Urach (Heinrich v. Hailfingen 1364), zu Tübingen (Anshelm v. Hailfingen 1368), zu Herrenberg (Heinrich v. Gültlingen 1403) u. s. w. [44]; 1415 im Gefolge des Grafen Eberhard auf der Kirchenversammlung zu Constanz (Hans und Märklin v. Hailfingen, Wilhelm v. Gültlingen) [45], und 1430 unter dem Banner des Grafen Ludwig zu Herrenberg versammelt, zum Zug gegen die Hussiten [46] (Hans und Märklin v. Hailfingen, Heinrich v. Gültlingen, Burkhards Sohn, der nachher für die auf diesem unglücklichen böhmischen Zuge verlorene Habe, Hengst, Harnisch, von Württemberg mit 100 Gulden entschädigt wird [47]; ferner Hans v. Gültlingen zu Entringen, zwei Herter, Hans v. Wähingen und Rudolf v. Ehingen). Vorher und nachher erscheinen viele dieser Entringer Ganerben unter den württembergischen Räthen und Dienern, zum Theil hochgeehrt.

---

[41] Annal. Beb. p. 425. Besold monum rediv. p. 406.
[42] Königl. Archiv.
[43] Hailfingen: 12 Morgen Weingart in der langen Halde, 2 Wiesen im Tiefenbach und Altmad, 10 Mannsmad, die Neuen genannt, und den Gereut hinter der Wettin; die Gültlingen: 2 Wiesen und Burgstall Hängenstein; die Wähingen: 3 Mannsmad Wiesen.
[44] An verschiedenen Orten bei Crus. und Steinhofer.
[45] Steinhofer II, 633.
[46] Ders. II, 749.
[47] Ders. II, 761.

Bei allem dem waren sie noch so wenig eigentlich württembergische Unterthanen, daß sie vielmehr von allen Freiheiten der Ritterschaft Gebrauch machten. Wir finden 1395 in der Schlegler Gesellschaft — in Fehde mit Württemberg — Bubenhofen und Gültlingen, und unter ihren Hauptleuten den Ritter Wilhelm v. Hailfingen und Fritz den Herter⁴⁸; und im St. Georgenschild von Oberschwaben schon 1392 Hans v. Wähingen und Burkard und Hug v. Ehingen⁴⁹.

Der unruhige und kühne Bernhard, Markgrav v. Baden, Beschützer der Schlegler, und bestrebt sich diesseits des Schwarzwalds festzusetzen, errichtete 1413 mit acht Edelleuten des Schlosses Entringen einen Burgfrieden⁵⁰, wurde unter die Ganerben desselben aufgenommen, und selbst ein Theil der Burg scheint ihm eingeräumt, wenigstens der Zutritt in dieselbe eröffnet worden zu sein⁵¹. 1419 bestimmt ein Vertrag zwischen ihm und den andern Ganerben (damals Ehingen, Hailfingen, Wähingen und Gültlingen; die letztern waren wegen anderer Besitzungen längst schon badensche Vasallen), wie es mit dem Bau des Schlosses, Burgfrieden und anderem gehalten werden solle⁵². Württemberg und Baden kauften und pfändeten damals in die Wette von den zerrütteten Zollern; Baden, diesen zuvor schon befreundet, sah sich besonders begünstigt und brachte selbst Hechingen (auf Wiederlosung) an sich. Vielleicht war auch das Entringer Lehen einbegriffen⁵³; noch 1444 empfängt Hans v. Stabion einen hohenzollerischen Theil auf Entringen von dem Markgraven Jakob zu Lehen⁵⁴. Wann diese Rechte von Baden an Hohenzollern zurückgefallen seien, konnte nicht gefunden werden⁵⁵.

---

⁴⁸ Burgerm. stat. eq. l. c. p. 261.
⁴⁹ Bucelin German. im ind. alphabet.
⁵⁰ Sachs, Geschichte von Baden II, 246. Burgerm. thes. jur. eq. I, 357. Frommun de condom. territ. p. 57, wo die Anfangsworte der Urkunde dd. Zinstag vor S. Johann zur Sunnewenden 1413.
⁵¹ Daher auch Crus. collect.: Badenses Marchiones habitarunt in castro Entringen.
⁵² Königl. Archiv.
⁵³ Nach Sachs II, 281, hat Markgrav Bernhard 1428 (seit 1422) auch die Pfandschaft Herrenberg (?) inne, an welcher die verbundenen Städte im Zug gegen Württemberg ihm großen Schaden thun.
⁵⁴ Crus. Collect.
⁵⁵ Noch 1528 wird Stabion von dem Markgraven belehnt, aber als Vormünder des Grafen v. Zollern. Burgerm. stat. eq. p. 304.

Auch den Grafen von Hohenberg und dem mit ihnen verschwägerten und in ihre Erbschaft eintretenden Hause Oestreich widmeten sie ihre Dienste; namentlich waren die Ehingen und Wähingen ihnen von alten Zeiten her zugethan [36]. Der rauschende und verschwenderische Hofhalt Herzogs Albrecht des Schlemmers zu Rottenburg (1452—64), unter dessen glänzendem Adel sie übrigens keine große Rolle spielten, übte auch auf sie seine Anziehungskraft. Erst als Graf Eberhard im Bart Tübingen zu seinem Lieblingsaufenthalt machte, erhielt Württemberg das entschiedene Uebergewicht und verwandelte seine bisher sehr beschränkte Lehensherrlichkeit nach und nach in eine wirkliche Herrschaft.

§. 5. Rudolf und Georg von Ehingen.

Unter allen jenen Edelleuten, von welchen wir nur die Namen und wenige Notizen haben, ist Rudolf v. Ehingen (seinen Sohn Georg ausgenommen, der indeß Entringen nur wegen seiner Geburt angehört) weit der berühmteste, sowie der um Entringen verdienteste. Ihm verdankt es seine Kirche, und der Glanz, den er und sein Sohn seinem Geschlecht gab, hat nicht wenig beigetragen, Licht auch über Entringen zu verbreiten.

Rudolfs Vater, Burkard [37], diente Albrecht dem Weisen v. Oestreich und wurde Mitglied der von dem Herzog einer Frau zu Ehren gestif-

---

[36] Schon 1282 unterzeichnet in einem Diplom Herzogs Albrecht zu Winterthur Johannes de Ehingen, miles. Herrgott geneal. p. 507; 1386 fällt Burkhard der Lange v. Ehingen in der Schlacht von Sempach. Birken, Ehrenspiegel p. 370. Ueber die Wähingen cf. oben Anm. 32.

[37] Dieser Burkard ist nicht zu verwechseln mit Burkard auf Entringen, Hugo's Bruder*, obgleich Beide ungefähr zu gleicher Zeit starben. (Crus. wiederspricht sich; nach I, 867 starb dieser andere Burkard a. 1400; stiftet aber noch 1404 mit Hugo einen Jahrestag zu Oeschelbronn, noch 1414 einen Altar zu Entringen, ja noch 1417 (?) eine ewige Meß bei den Carmelitern zu Rottenburg, wo er und sein Bruder begraben liegen). Burkard, Rudolfs Vater, ist der Sohn Burkards des Langen, der bei Sempach fiel (Crus. l. c. Nach Bucelin aber ein Vetter des Letzteren und Sohn Ritter Werners), von einer Linie, die zu Entringen noch nichts besaß und wahrscheinlich die Stammgüter bei Rottenburg bewohnt.

* Crus. II, 83. 1451 stiftet Rudolf einen Jahrestag zu Rottenburg für die Seele seines Vaters, Burkards des Zopfs, seiner Mutter, seiner eigenen Seele und die seiner Frau und für Hugo und Burkard, Ehingische Brüder.

teten ritterlichen Gesellschaft vom Zopf, von dem er selbst seinen Beinamen erhielt. 1377 kam er zu dem großen Städtekrieg wieder herauf nach Schwaben, nahm im Streit bei Döffingen zwei der vornehmsten Hauptleute der Städter, Rappenherr von Weil und Spieß von Nördlingen, gefangen und beschatzte sie um alles, was Grav Eberhard von Württemberg für Sold, Pferde und anderes ihm schuldig geworden war. 1407 fiel Grav Friedrich v. Zollern, der Oetinger genannt, ins Hohenbergische ein und schleppte von dem Rangardinger Markt einige Rottenburger Bürger weg; Burkhard jagte ihm nach, wurde aber zu Weil unter Zollern von den feindlichen Reitern erschlagen. Er hinterließ von seiner Hausfrau, Luitgard Kaißin v. Jhlingen, zwei Söhne, Wolff und Rudolf — beide damals in fremdem Dienst, Wolff bei Herzog Ernst v. Oestreich, Rudolf als Marschall bei dem mächtigen steyerischen Graven v. Cilley, Schwager Königs Siegmund, in dessen ungarischen Händeln er eine Hauptrolle spielt. In Entringen saß damals der alte Hug v. Ehingen und seine Base Haila; diese war unverheirathet, jener hatte von seiner Frau Agnes v. Gültlingen kein Kind. Er ließ daher seinem Vetter Rudolf sagen, er solle sich in seinem Vaterlande niederlassen und ein Weib nehmen, so wolle er ihn zum Erben alles seines Guts machen.

Rudolf kam, wählte eine von den drei schönen, tugendsamen Töchtern des Truchseß v. Waldeck, genannt v. Heimerdingen, welche sein Ohm ihm vorschlug, und bezog auf Hohenentringen den Theil zwischen Aberlin und Georg v. Hailfingen, den Hugo zu einem leidlichen Preis ihm sogleich überließ. Kurz darauf (1417) starb Hugo und hinterließ ihm sein ganzes Erbe, welches mehr als 300 Gulden jährlichen Zins trug (al. 3000 Gulden); 1418 vermachte auch Haila ihm und seinem Bruder ihren Theil, der ihm allein blieb, als Wolff 1425 zu Wien starb.

Aus Ungarn und Oestreich hatte Rudolf große Köstlichkeit an Kleinoden und Kleidern und schöne Rosse mitgebracht und noch mehr erhielt er aus dem Nachlaß seines Bruders. Aber solche Pracht war der Zeit in Schwaben nicht gebräuchlich, daher verkaufte er diese Sachen zum Theil in Frankfurt und löste bei 1500 Gulden. Von dem üppigen Leben der fremden Höfe, an denen er seine Jugend zugebracht, gieng er ohne Mühe über zu dem beschränkten, einfachen Haushalt der Entringer Ganerben. Der christliche, redliche, hochverständige Mann, stattlich von Person, erwarb sich allgemeine Liebe und Ansehen. Gemeinden, Prälaten, Grafen und Edelleute wählten ihn gerne zum Schiedsrichter, und wo er sich eines Handels unterstand, brachte er es gemeiniglich zur Ruhe. Schon 1420 saß er im Rathe der Grafen v. Württemberg und begleitete Ludwigen mit den andern Ganerben auf dem Hussitenzug; 1455 wurde ihm von den Vormündern die Bewahrung des jungen Eberhard (im Bart) auf dem Schlosse Tübingen anvertraut, von welchem er, als er heranwuchs, besonders lieb und werth gehalten wurde. Auch bei der St. Georgen Gesellschaft in Schwaben war er einer der Vorsteher, und bei dem Bündniß derselben mit Württemberg a. 1452 wurde er (nebst Hans und Märklin v. Hailfingen, Conrad v. Bubenhofen ꝛc.) als Obmann aufgestellt, zu entscheiden, wenn der Fall der Bundeshilfe eingetreten sei [58].

Als seine Hausfrau Agnes bei der neunzehnten Geburt starb, zog Rudolf von Entringen hinüber nach Kilberg [59], einem alten Stammgut seines Hauses, mit dem Vorsatz, sobald seine Söhne mannbar wären, sich der Welt zu entschlagen und den Rest seiner Tage Gott zu weihen. Unter diesen Söhnen war der jüngste, Georg, der ausgezeichnetste und sein Liebling. 1428 zu Entringen geboren, eines der hundert Kinder, welche damals seine Burgräume belebten, wurde Jörg als Knabe schon an den Hof Herzogs Siegmund v. Oestreich nach Innsbruck geschickt, wo er die Dienste eines Vorschneiders und Tischdieners verrichtete. Herangewachsen, trat er, um dort nicht in Ruhe zu verliegen und um alle Ritterspiele und was höflich wäre zu erlernen, mit 3 Pferden in den Dienst Herzogs Albrecht, der bald zu Rottenburg, bald zu Freiburg königlichen Hof hielt. Durch sein Wohlverhalten stieg er allmälig zu dem Amt des ersten Kämmerlings und wurde zu Prag, bei der Hochzeit des Königs Ladislaus, wohin sein Vater ihn ritterlich ausrüstete, zum Ritter geschlagen. Sein Vater, der immer nur Edelknecht blieb, lud ihn, als er zurückkehrte, zu sich nach Kilberg, führte ihn auf sein Stüblein über dem Thor, sagte ihm, was die Ritterschaft wäre und wie er sich darin halten sollte, und verehrte ihm 800 Gulden, die er bei sich verdeckt in einem Becken hatte; es wäre ihm eine herzliche Freude, wenn er, statt

---

[58] Sattler, Geschichte der Grafen II, 203 ff.
[59] Vor dem Jahr 1446. Crus. Collect. nachdem er, nach dem Tod seiner (Georgs) Mutter, nach Kilberg gekommen war, schlichtete er 1446 einen Markungsstreit zwischen Kilberg und Hirschau.

seine Ritterschaft in Ruhe an Fürstenhöfen hinzubringen, zu den Johanniterherren nach Rhodis, zum Streite gegen die Türken und dann in das gelobte Land zum heiligen Grab zöge; er selbst habe sein Lebtag große Begierde gehabt, solches zu besuchen, solches aber aus hochwichtigen Ursachen nicht sein mögen. Herr Georg nahm Urlaub von seinem Herrn und zog, von seinem Vater dem heiligen Apostel Johannes empfohlen, unter manchen Abenteuern nach Rhodis, wartete 11 Monate vergeblich auf den Angriff der Türken, schiffte, von dem Hochmeister reichlich begabt, nach Bahrut, wo der heilige Ritter St. Jörg den gräulichen Wurm überwunden, kam nach Jerusalem, ins Kloster der heiligen Katharina auf dem Sinai, nach Damascus und kehrte über Alexandria und Cypern nach Kilberg zurück, wo er seinen Vater mit einem Dorn aus der Krone Christi erfreute. Bei Herzog Albrecht, der ihn in die Gesellschaft des Salamanders aufnahm, blieb er ein Jahr und that mit Rennen, Stechen und anderen Ritterspielen sein Bestes. Da aber Müßiggehen, wie sein Vater zu sagen pflegte, für Alt und Jung ein großes Laster ist, nahm er sich vor, die vornehmsten Königreiche der Christenheit zu besuchen. Mit einem jungen salzburgischen Edelmann, acht Pferden und einem Herold, mit kaiserlichem Fürschreiben wohl versehen, reiste er an den ernsten Hof Karls VII. von Frankreich, nach Angers zu König René, nach Navarra zu König Johann, und da er hörte, daß der König von Portugal viele Kriege zu Wasser und zu Land mit den Heiden von Afrika führe, nach Lissabon. Er wurde stattlich tractirt und hoch geehrt und oftmals in der Königin Frauenzimmer zu gar schönen Tänzen eingeführt, und zeigte seine Stärke und Gewandtheit in allerlei ritterlicher Kurzweil. Da er wünschte, sich in dem Krieg gegen Fez gebrauchen zu lassen, so verordnete man ihn zu Ceuta, das von einem großen Heere Mauren angegriffen war, zum Hauptmann über ein Stadtviertel; alle Stürme wurden zurückgeschlagen und ein mächtiger Heide, der die christlichen Ritter herausforderte, zwischen beiden Heeren von ihm im Zweikampf erlegt. Nach sieben Monaten kehrte er nach Lissabon zurück, wo König Alfons ihm eine Scheuern portugiesischer Dukaten verehrte, die er mit sich ins Vaterland brachte. König Heinrich v. Castilien, den er auf einem Zug gegen die Mauren von Granada begleitete, gab ihm seine zwei Orden und 300 Dukaten, — ebensoviel und köstliche Geschenke an Tuch und schwarzem und Carmesin-Sammt der König von Portugal, den er nochmal besuchte. Ueber

Frankreich begab er sich nach England, wo König Heinrich VI. ihm seine Ordensgesellschaft gab und nach Schottland zu König Jakob II.⁶⁰ Als er nach einer Abwesenheit von mehreren Jahren mit vielem Gut, mit den Empfehlungsschreiben der Könige* und mit ihren Bildnissen (deren Eines noch zu Kilberg ist), viel erfahren und von Allen hochgeehrt in sein Vaterland zurückkam, im Jahr 1459, theilte Rudolf seine Schlösser, Dörfer, Leute und Güter unter seine Söhne; die zwei ältesten, Diepold und Burkard, erhielten Entringen, wo der letztere seinen Sitz nahm; seinem geliebten Herrn Georg aber, in dem er die Ideale seiner Jugend verwirklicht sah, gab er für seine Ritterschaft 1000 Gulden Hauptgut voraus und das Schloß Kilberg.

Hierauf machte er sein Testament und kaufte in Tübingen einen Jahrestag, daß sie nach seinem Tod armen Leuten, und zwar zuvörderst seinen Unterthanen, hundert Mannsröcke mit Kappen und hundert Frauen= röcke geben sollten am Tag seiner Begräbniß. Nachdem er alles geord= net, ritt der einundachtzigjährige Greis mit seinen Söhnen hinauf nach Gößlingen zu dem Grab der heiligen Heilwig, seiner Verwandten⁶¹, von ihr Urlaub zu nehmen; dann auf die Altstatt ob Ehingen, in deren Pfarrkirche er getauft worden war; dann hinab, vorbei an seinem Kil= berg, das er nicht mehr sah, in die Karthause zu Güterstein bei Urach, wo er sich ein Stüblein bestellt hatte. Seine Söhne unterwies er, wie sie sich gegen Gott und Welt zu halten haben, begehrte, daß sie in allen Anliegen seinen treuen Rath nie verschmähen, nahm Abschied und lebte fortan noch acht Jahre, ganz nach der strengen Regel der heiligen Väter, obgleich er das Ordenskleid nicht trug. 1467 entschlief er, freu= dig, voll Dank gegen Gott, sanft, wie ein Licht erlischt; Georg drückte ihm die Augen zu. Sein Leichnam wurde, nach seinem letzten Willen,

---

⁶⁰ So weit geht der von Georg selbst aufgesetzte (hier im Auszug gegebene) Bericht von seiner Jugend und seinen Reisen. Auch das Uebrige, was vorhergeht und nachfolgt, stammt aus handschriftlichen Familiennachrichten. Frischlin in seiner 1579 verfaßten, wahrscheinlich verlorenen Ehingischen Chronik und Neobolus, der a. 1606 auch eine schrieb (Burgermeister hatte beide vor sich und citirt sie; thesaur. I, 358. stat. equest. I, 206) und endlich Crusius haben daraus geschöpft. Ausführlicher als bei diesem, wenn auch nicht immer genau, ist diese Geschichte zu finden in: Itinerarium, d. i. historische Beschreibung weyland Hrn. Georgen v. Ehingen, wiesens nach der Ritterschaft ꝛc. Augsburg 1600. Fol.

* Burgerm. stat. eq. p. 326.

⁶¹ Crus. I, 867.

nach Entringen geführt und in der von ihm erbauten Kirche neben seiner vorangegangenen Frau in dem Begräbniß, das er sich selbst hatte zurichten lassen, am St. Gallentag feierlich beigesetzt. Der Grabstein, später ins Freie versetzt, wo Wind und Wetter an ihm zehren, ist an der Südseite der Kirche noch zu sehen; am Rand umher die Namen Rudolfs (armiger) und seiner Frau; in der Mitte ihre Wappen — das Ehinger'sche: ein Winkelhacke oder doppelter Dachsparre (gelb im schwarzen Feld)⁶², darunter das Haimerding'sche: zwei übereinander gelegte Rechen. Einige Monate nach Rudolfs Tod trat sein ehemaliger Pflegling, Grav Eberhard, seine Wallfahrt an, zu der ihn besonders das Beispiel Georgs, den er als Statthalter hinterließ und der immer höher in seiner Gunst stieg, veranlaßt zu haben scheint. Unmittelbar nach seiner Rückkehr, noch im Jahr 1468, verkauften Diepold und Burkard (dieser damals Vogt zu Herrenberg) den Ehingen'schen Theil an Burg und Dorf Entringen für 3000 Gulden an Grav Eberhard⁶³; sie erkauften dafür Bieringen, Börstingen ꝛc.

Das Geschlecht der Ehingen erhob sich durch Georg und seinen Sohn Rudolf zu noch höherem Glanz und Wohlstand; wir finden sie bis zur östreichischen Occupation im Rathe der Graven und Herzoge Württembergs immer oben an, auch als Hauptleute des schwäbischen Adels, thätig bei allen wichtigen Verhandlungen; zweiundfünfzig Ortschaften werden aufgezählt, welche sie (freilich nicht alle zugleich) entweder ganz oder theilweise besaßen⁶⁴. Allein Entringen gehörten sie nicht mehr an, und hier mag nur noch erwähnt werden, daß, nachdem Oestreich wegen eines von einem Ehingen begangenen Vatermordes einen Theil ihrer Güter mit Beschlag belegt hatte, zu Ende des 17. oder zu Anfang des 18. Jahrhunderts der letzte dieses Geschlechts zu Börstingen mit zerbrochenem Helm und Schild begraben wurde⁶⁵.

[62] Auf dem Helm ein Brustbild mit Krone. Burgerm. stat. equestr. p. 224.
[63] Königl. Archiv. So auch Sattler, Graven III, 111. Steinhofer III, 434 (hier, wie oft, nach Burgerm.) hat 300 Gulden, doch mit dem Beisatz: ein württemb. Landbuch sagt 3000 Gulden; — und setzt es, wieder fehlerhaft, ins Jahr 1486.
[64] Burgerm. stat. eq. p. 385.
[65] Ibid. p. 236 (ed. 1709) kürzlich abgestorben; er war selbst Augenzeuge.

§. 6. **Abgang der Ganerben, Herrschaft Württemberg.**

Um die Zeit, wo die Ehingen von der Entringer Genossenschaft ausschieden, fiel ein Stück von Dorf und Schloß nach dem andern der Herrschaft Württemberg zu. Das Jahrhundert war dem niedern Adel nicht günstig; eine Menge der wappenfähigen Geschlechter, von welchen das Land wimmelte, verloren sich schnell, verarmt entweder durch fortgehende Erbtheilungen und noch mehr durch den steigenden Luxus, und ausgekauft durch die reichen Landherren in der Masse des Volkes, oder starben sie ganz aus. Die Herter hatten schon 1416 ihre Güter zu Entringen und Jesingen an Bebenhausen verkauft; seitdem kamen sie so herab, daß sie, 1446 Bryde v. Kaltenthal, Georgs Wittwe, ihre Hälfte an Braitenholz mit Vogtey, Gericht ꝛc. und 1447 Jakob seinen Antheil und selbst ihr Stammhaus zu Dußlingen an Württemberg verkauften[66]. — Noch 1456 besaß Hans v. Wähingen einen Theil von Entringen[67] und hatte (1453) seine Frau, Anna Merhiltin von Rottenburg (aus dem gleichfalls herabgekommenen edeln Geschlecht der Mörhild zu Wurmlingen) mit ihrer Heimsteuer und Morgengabe, 1000 Gulden, auf seine Güter und Gülten daselbst angewiesen. Beide waren Peter Remy zu Rottenburg 100 Gulden für Tuch schuldig und konnten nicht bezahlen. Hans starb und seine Verlassenschaft wurde mit Beschlag belegt (1461). Die Wittwe in ihrer Noth reichte dem wälschen Kaufmann ihre Hand. Remy wollte einen Theil ihrer Güter verkaufen[68], Württemberg that Einsprache (aus welchem Grund?), es kam zum Prozeß, der 1485 mit einem Vergleich endigte, nach welchem Remy sich mit 600 Gulden abfertigen ließ und den Heirathsbrief mit den dadurch erlangten Rechten herausgab[69]. 1470 verübt Hans v. Wähingen von seinem Schloß Börstingen aus Räubereien, welches daher von Württemberg eingenommen wird[70]. Es ist die letzte Erwähnung dieser Edelleute; sie starben aus — ihre Burg ist verschwunden[71].

[66] Sattler, Geschichte der Graven II, 153.
[67] Burgerm. thes. I, 357.
[68] Er wird 1482 durch das Landgericht zu Rottweil ermächtigt, 4½ Morgen und ¼ Weinberge zu Entringen zu versetzen, zu verkaufen oder selbst zu behalten.
[69] Alles aus dem königl. Archiv.
[70] Steinhof. III, 189. Börstingen ist bald darauf im Besitz der Ehingen. Dieser Hans war in badischem Dienst.
[71] Crus. II, 219 starben die Wähingen zu Ende des 15. oder Anfang des

Von den Hailfingen, einst den Alleinherren von Entringen, war allmälig ein großer Theil durch Verkauf und Heirath an andere Familien, durch Vergabung an Bebenhausen gekommen. Georg v. Hailfingen, Edelknecht zu Entringen, verkauft 1412 an dieses (ein Hailfingen war damals Abt) seine Zinsen und Einkünfte, Weinberge und die Farrenkelter[72], und 1416 schenkt und vermacht er in Gegenwart des Kammerrichters von Rottweil seinen Theil am Schloß mit seinen andern Gütern an dasselbe[73]. Von da an tritt Württemberg als Hauptkäufer auf. 1430 überließ ihm Bruder Wilhelm von Hailfingen, Kommenthur zu Mergentheim, um 75 Gulden seine armen Leute zu Entringen, Pfäffingen und Braitenholz; 1438 Hans und Märklin, Brüder v. Hailfingen, etliche arme Leute zu Reusten, Boltringen, Entringen und Braitentenholz, die Heinzen von Hailfingen gewesen waren[74]. 1468 erhob sich ein Streit zwischen den Gemeinen (Ganerben) zu Entringen und dem württembergischen Vogt zu Tübingen; jene forderten von den württembergischen armen Leuten zu Entringen den Eid und wollten sie nach Boltringen und Oberndorf zu Gericht ziehen, wo sie Vogtsherren waren — dieser wahrscheinlich nach Tübingen. Als die Räthe Grav Eberhards gegen sie sprachen, appellirten sie (6. August) an Kaiser Friedrich und sein Kammergericht; auch hier scheinen sie verloren zu haben (Freitag vor Galli)[75]. Wenige Wochen darauf, wohl aus Unmuth darüber, verkauften die Ehingen (wie oben bemerkt) ihren Theil zu Entringen, Burg und Dorf, mit allem Zubehör, an Württemberg und kündigten dem Graven ihre Lehenspflicht wegen der Rechte im Schönbuch auf. 1470 belehnt der Grav, jedoch auf Abkündung, mit diesem Theil Hansen v. Helmstätt (der nicht weiter vorkommt), und 1471 verschrieben sich die Ganerben des Schlosses (wenigstens Hans v. Gültlingen), ihn daran nicht irren zu wollen[76].

Dem Beispiel der Ehingen folgten bald die Hailfingen. Auch sie

---

16. Jahrhunderts aus. Das Schloß Wähingen, das 1453 zu der Morgengabe der an Herzog Albrecht vermählten Pfalzgräfin Mathilde gehört, ist ohne Zweifel das Wähingen in der obern Graffschaft Hohenberg.

[72] Crus. Collect.
[73] Crus. Chron. II, 26.
[74] Beides aus dem königl. Archiv.
[75] Königl. Archiv, jedoch nur aus dem Register, daher nicht ganz klar.
[76] Königl. Archiv.

scheint nicht eben die Noth gedrängt zu haben; ihre Besitzungen zu Pfäffingen, Boltringen, Oberndorf, Reusten, Raih, Teufringen ꝛc.⁷⁷ waren nicht unbedeutend und einzelne von ihnen angesehene Männer. Zu Eberhard stießen auf seiner Wallfahrt zwei Johanniter-Ritter v. Hailfingen⁷⁸; Hans und Märk waren Räthe der württembergischen Graven⁷⁹, der letztere (1460) unter der Pfalzgräbin Mathilde Hauptmann zu Rottenburg und nachher Vogt zu Vaihingen⁸⁰; ein Ritter Conrad v. Hailfingen erscheint 1484 auf dem Turnier zu Stuttgart⁸¹. Freilich mußten schon 1442 Conrad und Hans v. Hailfingen (sie werden in diesem Jahr von Württemberg belehnt) von Abt und Convent zu Bebenhausen 330 Pfund Heller — nach ihrem Tod heimzuzahlen! — aufnehmen und dafür ihren eigenen Hof zu Entringen, den Gerung von Reusten baute, und ein Viertel oder vier Morgen Weinberge am Pfaffenberg und alten Berg als Unterpfand bestellen. Derselbe Conrad nun verkaufte 1473 an Grav Eberhard seinen Theil an Entringen dem Dorf und alle seine Leute, Gülten und Güter zu Braitenholz um 1700 Gulden; da sich aber fand, daß ein Theil davon dem Kloster Bebenhausen und seiner Schwester Adelheid, Nonne zu Pfullingen, für ihr Leibgeding versetzt sei, so behielt Eberhard von dem Kaufschilling 400 Gulden (jedoch verzinslich) inne, bis diese Gläubiger anderswo versorgt seien; und zwanzig Jahre verstrichen, bis Conrad, kurz vor seinem Tod (1494), diese Güter erledigen und die Schuldbriefe ausliefern konnte. Zu gleicher Zeit mit ihm verkaufte auch Crafft v. Hailfingen seinen Theil an Entringen Dorf und Braitenholz um 1100 Gulden an den Graven⁸². — Der größte Theil des Dorfs Entringen war jetzt unmittelbar württembergisch und wurde (spätestens 1496) dem Tübinger Amt einverleibt⁸³.

---

⁷⁷ Burgerm. stat. eq. p. 386.
⁷⁸ Crus. Chr. II, 88.
⁷⁹ Steinhofer II, 924, 930, 1036 ꝛc.
⁸⁰ — — —
⁸¹ Crus. II, 121.
⁸² Alles aus dem königl. Archiv. Nach Steinhofer III, 223 verkaufen Conrad und Crafft ihren Antheil an der Burg; aber Craffts Antheil wenigstens war hohenzollerisch (Burg. thes. p. 357); und noch 1488 sitzt er auf der Burg (Crus. Collect.); er starb 1490. Schon 1457 hatte er seinen Antheil an Oeningen an Württemberg verkauft.
⁸³ Wie sich aus der Folge ergibt — und vielleicht schon aus dem Streit 1468 über die Gerichtsbarkeit.

Auch die Bebenhausischen Unterthanen traten in ein näheres Verhältniß zu Württemberg, sowie die Eigenschaft der Aebte als württembergische Schutzverwandte sich weiter entwickelte; und schon 1463 und 82 wurden außerordentliche Beisteuern von ihnen erhoben [83].

Auch auf dem Schloß erweiterte sich die württembergische Lehensherrlichkeit so, daß bald Alles, was nicht von Zollern zu Lehen rührte, derselben unterthan war. Merk v. Hailfingen, alt und ohne Kinder, bestimmte seinen Vetter Wendelin v. Hailfingen, Crafftens Sohn, zu seinem Erben. Um ihm auch den weiland Ehingen'schen Theil der Burg zuzuwenden, trug er seinen eigenen Theil (einerseits an Crafft v. Hailfingen, andererseits an die Kinder Conrads v. Bubenhofen [85] stoßend) mit den dazu gehörigen Gütern Württemberg zu Lehen auf, worauf 1484 den 30. August Wendelin mit beiden Theilen so belehnt wurde, daß, wenn er ohne Kinder mit Tod abgienge, und auch Merk dann nicht mehr am Leben wäre, Alles an Württemberg zurückfiele [86]. Merk starb (1503) und Wendelin, dem einzigen noch übrigen Sprößling seines Hauses, fielen alle Güter desselben, Allodien, und zu den württembergischen auch die zollerischen Lehen (zwei hailfingische Theile, wobei auch der wähingische [87]) auf Entringen zu. 1513 ist er Vogt zu Horb, 1519 einer der Edeln auf Hohentübingen [88], welche das Schloß dem schwäbischen Bund übergaben. Sein gewöhnlicher Aufenthalt scheint Pfäffingen gewesen zu sein (er heißt Wendelin zu Pfäffingen). Der Adel liebte das einsame und unbequeme Wohnen auf den Bergen nicht mehr; auch für die Jagd lag Pfäffingen bequemer; im Schönbuch, als Reichsbannwald, war sie dem Fürsten ausschließlich eigen, jenseits der

---

[84] Nach dem Unglück von Seckenheim, um den in Gefangenschaft gerathenen Grafen Ulrich loszukaufen, wird von Abt und Convent bewilligt, den Wochenpfennig auf 4 Jahre, wie in ganz Württemberg, so auch von den armen Leuten in ihren Gotteshausdörfern zu erheben. Steinh. III, 108 ff. 1482 von denselben eine Hilfe von 800 Gulden zum Reichskrieg gegen den König von Ungarn. Steinh. III, 383 ff.

[85] Also damals noch ein Bubenhofen'scher Theil, der nachher nicht mehr vorkommt. Conrad v. Bubenhofen, Bruder des angesehenen Hans, Landhofmeisters unter Eberhard, auf dessen Hochzeit er und seine Hausfrau mit vierzehn Pferden einritten, — mehr als die meisten württembergischen Edelleute (Merk v. Hailfingen nur mit vier). Steinh. III, 227 ff.

[86] Sattler, Grafen III, 213.

[87] Burgerm. thes. I, 357.

[88] Steinh. IV, 583.

Ammer dagegen hatten sie freie Pürsch⁸⁹. Als das Land östreichisch wurde, belehnte ihn (1521) Karl V., und 1523 gab die neue Regierung ihm gegen Verzicht auf 40 Gulden jährliches Dienstgeld und auf Abkündigung einer bei ihm gestandenen Gült von 60 Gulden (aus 1200 Gulden Hauptguts) auf sein Lebenlang das Haus zu Entringen ein⁹⁰. Aber schon 1527 den 7. Januar starb Wendelin und wurde zu Bebenhausen, Helm und Wappen, als das Letzte seines Stamms, unter sich gekehrt, begraben⁹¹. Noch sieht man in der Klosterkirche über der zum Kreuzgang führenden Pforte sein gemaltes Bild, während die vielen Grabsteine seiner Vorfahren längst unkenntlich geworden sind. Schon lange vorher war auf seinen unbeerbten Tod speculirt worden; 1509 stellte Kaiser Maximilian⁹² seinen Secretären Johann Renner und Reinhard Speth einen Lehensbrief auf die Sitze zu Pfäffingen und Entringen mit den Theilen der Dörfer aus, welche Wendelin von Oestreich⁹³ inne habe. Nachher scheint nicht weiter die Rede davon gewesen zu sein. Wendelins Universalerbe⁹⁴ war Junker Sebastian v. Gültlingen, Sohn des um 1480 berühmten, mit einer Hailfingin vermählten Hans v. Gültlingen. Seine Vorfahren hatten als Ganerben Theil an Entringen Schloß und Dorf, theils als zollerischem Lehen, theils (in dem letztern) als Eigenthum. Dieses hatte schon 1431 Heinrich, Burkhards sel. Sohn, für Eignung des Burgstalls Hürgenstein — alle seine Güter, Zins und Gülten, die er in Zwingen und Bännen zu Entringen hatte,

---

⁸⁹ Burgerm. stat. eq. p. 575. Die Ammer war Grenze der freien Pürsch; unter den freien Pürschverwandten werden 1490 aufgezählt auch die Ehingen, Wähingen ꝛc.

⁹⁰ Königl. Archiv.

⁹¹ Crus. II, 219.

⁹² Mit welchem Recht, ist schwer zu sagen; — wegen Hohenberg etwa? nach Crus. Collect. hatten die Hohenberg und Oestreich in Entringen Recht und Eigenthum. Königl. Archiv (Register): 1496—1508, 15, 16, 54. Spänn und Irrung zwischen Oestreich und Württemberg, was jeder Theil für Gerechtigkeit in Entringen habe, besonders der Beschwerden wegen, so den leibeigenen Leuten daselbst von den Württembergern gegen altes Herkommen begegnen sollen, — auch (doch dieß wohl später — 1554?) daß Oestreich einen eigenen Schultheiß gen Entringen gesetzt. Einstweilen, bis die Urkunden selbst eingesehen werden können, mag dieß unter den Noten stehen.

⁹³ cf. die vorige Anm.

⁹⁴ Burgerm. thes. I, 357.

— Württemberg zu Mannlehen aufgetragen [95]. Mit diesem 1523 von König Ferdinand belehnt, verkaufte er es 1526 an Paul, Balthasar und Peter, Brüder von Gültlingen [96]. Er selbst trat im folgenden Jahr in das Gesammterbe der Hailfingen ein und verlegte seinen Sitz von Sindlingen nach Pfäffingen [97]. Als 1533 seine Knechte einen württembergischen Einspännigen erschlugen, wurde er von Ferdinands Statthaltern und Räthen aller seiner Schlösser und Dörfer mit Gewalt entsetzt und konnte nur dadurch sie lösen, daß er, was er bisher an Pfäffingen, Obernberf, Boltringen als freies Eigenthum besessen hatte, dem König, wegen des Herzogthums Württemberg, als altväterliches und Schildlehen auftrug [98]. 1553 wurde von Herzog Christoph das ganze württembergische Lehen zu Entringen, nämlich die Theile der Burgen Hohen-Entringen und Pfäffingen, die Holzgerechtsame im Schönbuch, das Jagen im Tübinger Forst, an Balthasar v. Gültlingen als württembergischen Erbkämmerer verliehen, so daß es immer auf den ältesten dieses Geschlechts sich vererben sollte [99], — eine Anordnung, die sich beinahe zwei Jahrhunderte erhalten hat.

Die einzigen, die sich neben den Gültlingen, und zwar im zollerischen Antheil, behaupteten, waren die Herren v. Stadion, ein aus Italien und Rhätien entsprossenes, unweit der Donau, bei Ehingen angesessenes und besonders seit der Mitte des 15. Jahrhunderts glänzendes Geschlecht. Ritter Hans v. Stadion, württembergischer Rath und Hofmeister [100], der Reiche genannt, wurde 1444 von dem Markgrafen Jacob mit dem von den Lichtenstein erkauften Antheil an Entringen belehnt [101]; 1479 eben damit Wolff und Dietrich v. Stadion [102]. Der

---

[95] Sattler, Gesch. der Graven II, 119 und Beil. p. 84.
[96] Königl. Archiv.
[97] 1513 u. 1524 Bastian v. Gültlingen, Hansens Sohn, zu Sindlingen; 1528 im hohenzollerischen Lehensbriefe, Burgerm. thes. I, 357 Sebastian v. Gültlingen zu Pfäffingen.
[98] Crus. II, 620.
[99] Königl. Archiv. Burgerm. thes. I, 357 ff.
[100] Schon 1422 und 1456. Sachs, Geschichte von Baden II, 317. Crus. II, 31.
[101] Crus. Collect. oder gehörten die Stadion schon früher zu den Ganerben? Burgerm. l. c. rechnet sie unter die fünf Familien, welche 1417 auf Entringen waren, und in einem zollerischen Lehensbrief von 1528 heißt es, daß des damaligen Stadions Vater und dessen Voreltern (könnt aber auch die mütterlichen bedeuten) diesen Theil von Zollern zu Lehen getragen. Unter den von Crusius II, 82 aufgezählten fünf

Besitz scheint dann auf Ritter und Doctor Hans, Graf Eberhard's Begleiter auf seiner Wallfahrt und 1499 Landvogt zu Mümpelgard und (um 1533) auf seine Söhne, Hans Simon und Hans Walther, übergegangen zu sein [102]. Zwischen ihnen und den Gültlingen wurde hin und her gehandelt, was für jetzt nicht weiter aufzuklären ist [104]. Wenigstens noch 1599 befindet sich ein Stadion'scher Amtmann zu Entringen [105]. Auf jeden Fall scheinen die Stadion, glänzende Turnierritter [106] und meist in wichtigen Aemtern beschäftigt, sich auf dieser von ihren Stammgütern weit entlegenen und für sie verhältnißmäßig minder bedeutenden Besitzung nur selten aufgehalten zu haben.

§. 7. Kirche und Flecken.

Auf dem Schloß, dessen Bewohner bisher unsere Aufmerksamkeit fast ausschließlich angezogen, wird es immer öder; um so mehr Licht verbreitet sich über das Dorf mit seiner Kirche, über welche bisher nur wenige Notizen geliefert werden konnten. Den Uebergang mögen die Stiftungen der Edelleute machen, so viel deren erwähnt werden. 1414 stiftet der alte Hug v. Ehingen und seine Frau Agnes v. Gültlingen und sein Bruder, Herr Burkard, einen Altar in der Pfarrkirche und 17 β unablösiger Heller Zins (ein Capital von 17 Pfund) [107]; 1421

Edelleuten, welche 1417 mit ihren Frauen auf Entringen hausten, ist kein Stadion. Crus. I, 932 wird 1356 zu Tübingen im Augustinerkloster Frau Agnes v. Stadion begraben.

[102] Burgerm. thes. I, 357 f.

[103] Crus. Collect.

[104] Nach Burgerm. thes. I, 357 f. erkauft Sebastian v. Gültlingen 1528 den Stadion'schen Antheil; nach Crus. Coll. kaufen 1538 die zwei Söhne Hansen v. Stadion zu der zollerischen Hälfte, welche sie besaßen, von Balthasar v. Gültlingen noch die württembergische. Crusius selbst widerspricht sich, wenn er an einer Stelle von dem Besitz der Stadion in Entringen als etwas Vergangenem spricht, an einer andern den stadion'schen Amtmann zu Entringen erwähnt.

[105] Crus. Coll.; von diesem Amtmann erhielt Crusius seine Nachrichten über das Geschlecht der Stadion, aus welchen das, was in Memminger's Oberamt Ehingen p. 182 f. über dasselbe steht, ergänzt werden könnte.

[106] Burgerm. stat. eq. p. 168 f. a. 1436 sind die Stadion, Ehingen und Gültlingen in den Turniergesellschaften von Bracken und Kranz. 1479 die Stadion in der von der Krone; besonders in den letzten Jahrzehnten des 15. Jahrhunderts findet man sie sehr häufig auf den Turnieren (auch die Gültlingen).

[107] Crus. II, 17. Register des Heiligen d. a. 1565.

die Brüder v. Gültlingen, Hans, Wilhelm, Balthasar und Melchior 80 Gulden [108]; Junker Hans v. Gültlingen und seine Hausfrau Agatha Schillingin 1 Pfund 10 β ewige Zinsen (30 Pfund Capital) [109]; 1422 verkauft derselbe Hans und Rudolf v. Ehingen drei Einwohnern von Pfäffingen 1½ Jauchart Weinberg, wovon jährlich ¼ Most wegen einer ewigen Meß und Altar der Kirche des Dorfs Entringen und zum Altar im Schloß geliefert werden müssen [110]. 1424 laufen eben dieselben von Burk. Krebs v. Herrenberg, Kaplan der Oberkirche zu Bolldringen für 54 Gulden 4 Malter guter Rocken Gült zu Gülstein zu einer ewigen Meß auf dem Schloß [111]. Derselbe Rudolf, nachdem er 1440 mit Märk v. Hailfingen und dem Truchseß v. Höfingen zu Bolldringen eine Kapelle, zu Obernborf einen Altar [112] und 1451 für sich allein in der Stiftskirche zu Ehingen einen Jahrestag für sein Haus gestiftet hatte [113], begann 1452 an die Stelle der mehrere hundert Jahre alten und vielleicht zu eng gewordenen Kirche zu Ehingen eine neue zu bauen [114], die noch jetzt steht. Eine Inschrift an der südwestlichen Ecke: anno dmi 1452 incepta est haec eccla., gibt die Jahrzahl an; über dem westlichen Haupteingang sind die Wappen der Ehingen und Hailfingen ausgehauen (das letztere roth, mit weißen Spitzen getheilt — darüber ein Schwan). Wenn aber auch, wie daraus hervorzugehen scheint, die Hailfinger an dem frommen Werke Theil nahmen, so sind doch die Ehinger als die Hauptgründer zu betrachten. Noch 1475 erkaufte Burkard v. Ehingen, als er sich bereits von Ehingen zurückgezogen hatte, von Walther Ryser zu Obernborf um 42 Gulden Einiges zu der Ehingen'schen Pfründe zu Ehingen [115]. Die Kirche ist ziemlich groß, in einfachem Stil erbaut; die Fenster des Chors waren, wie noch aus einigen Resten ersichtlich ist, mit bunt gemalten Glasscheiben geschmückt, das hochzugespitzte Dach des Thurms, der sich, vom Blitzstrahl getroffen, jetzt stark auf die Seite neigt, mit grünen Ziegeln

---

[108] Königl. Archiv.
[109] Register des Heiligen.
[110] Crus. Chron. II, 32.
[111] Crus. Collect.
[112] Crus. Chron. II, 83.
[113] Crus. II, 83.
[114] Crus. collect.: Die Kirche ist gebaut von Rudolf v. Ehingen und seiner Frau Agnes Waldeck.
[115] Auch eine ehingerische Pfründwiese wird erwähnt.

gebedt [116]. Von den drei Glocken scheinen die zwei kleineren schon in der ersten Kirche gehangen zu haben. Die Inschrift der einen, mit sehr alten Buchstaben, ist, schon weil nur mühsam beizukommen, schwer zu lesen, etwa: Ciri Ste (Spiritus Sancte oder Christe?) veni † ave, ave Maria † ora; die kleinste, die Taufglocke, hängt zu hoch, um etwas unterscheiden zu können; die größte ist schön gegossen und trägt am Kranz die Umschrift: In dem Namen unsers Herrn Jhesus Christi und in Maria und sant Michahelis er (Ehre) gos mich pantline Siebler von Eßlingen, do man zalt 1494 Jar. — Eine sehr starke Mauer umgab den Kirchhof [117].

Die Kirche war dem streitbaren Erzengel St. Michael geweiht; in den Kasten dieses Heiligen, oder insgemeine Armußen, fielen außer einigen Früchten, Wein, Wachs, Hühnern, an jährlichem Zins und Gült, Präsenz und Jahrtagen 91—92 Pfund Heller [118]. Patron und Kasten-Vogt war der Abt und Convent zu Bebenhausen. Fünf Priester — Pfarrherr, Helfer und Frühmesser oder Capellane — versahen den Dienst an jener Kirche, vielleicht auch in der Schloßcapelle, gewiß aber zu Braitenholz, das mit Entringen nicht nur politisch verbunden, sondern auch sein Filial war, bis zur Reformation. Wie schon nach dieser Priesterzahl die Kirche zu Entringen eine der beträchtlichsten der Umgegend war [119], so ist sie in dem Verzeichniß der Kirchen des Rural-Capitels von Tübingen oder Rottenburg, dem Entringen angehörte, eine der ersten [120]. Die Würde eines Detans war nicht an Eine Kirche gebunden, sondern wurde abwechselnd durch Wahl übertragen. Die Pfarrer des Capitels versammelten sich jährlich am Dienstag nach Allerseelen auf dem Wurmlinger Berg zu einem Gottesdienst, auf den ein schwelgerisches

---

[116] So schon zu Crusius Zeit.

[117] Crus. collect.

[118] Nach dem ältesten, in 4° geschriebenen Register, gewiß vor dem Jahr 1541 verfaßt. Es waren nur acht Schuldposten verbrieft.

[119] In dem ganzen Ruralcapitel Herrenberg z. B. hatten nur wenige Kirchen eine so große Zahl von Capellanen, z. B. Gilstein, Altingen, Bondorf, Kaih, jedes nur einen, Nagold vier. Herrenb. Chronik in MS.

[120] Dieses Verzeichniß, das wenigstens in die Mitte des 16. Jahrhunderts gehört und wohl noch älter ist, als Anhang des Chron. Constantiense bei Pistor. Struv. III, 750. Die Reihe ist: Tübingen, Wolfenhausen, Rottenburg, Eilchen, Entringen, dann noch 16 Kirchen.

Mahl folgte [121]. Bei der ersten Erwähnung desselben (1348) [122] findet sich kein Entringer Pfarrer dabei, was sich wohl aus der vorangegangenen Incorporation an Bebenhausen erklären dürfte: 1490 hingegen ist Reißer, Pfarrer zu Entringen, Decan.

Auch seine Mönche oder Einsiedler hatte Entringen. Tief hinter dem Schloß in einer Waldesschlucht stand ein Bruderhaus, bewohnt von sogenannten Lollharden oder Pauliner Eremiten, die Holzapfelmost tranken, in der Nachbarschaft Lebensmittel erbettelten oder auch gegen hölzerne Löffel eintauschten ꝛc. Gegen Ende des 15. Jahrhunderts hatten sie sich einigen Ruf erworben. Noch heißt die Gegend der Brubergarten, die Klinge der Mönchskeller; man sieht noch das Gewölbe, auf dem das Haus stand; die Capelle und der schön gewölbte Brunnen sind verschwunden [123].

Von den älteren Entringer Priestern werden genannt: 1347 Conrad Sölbelin (als Zeuge); 1450 Hans Ballmer (Palmerius), Pfarrer (stiftet 10 β Hellerzins zum Heiligen); 1480 Joh. Kempter, Pfarrer (stiftet eben so viel); 1481 Cäsarius, ein Priester (er und Hans und Bartlin, Gebrüder, die Keyßer genannt, zinsen aus dem Pfaffenberg an Bebenhausen); 1504 Joh. Lachmann [124]. Der ausgezeichnetste aber, und durch seine Stiftung noch im segenvollen Andenken, ist Johann Reißer (auch Reyßer, Ryser ꝛc.) aus einer wohlbegüterten und, wie es scheint, edlen [125] Famile zu Entringen, oder vielmehr auf dem Schloß (etwa

---

[121] Die merkwürdige Beschreibung bei Crus. I, 818. Memminger, O.Amt Rottenburg p. 218.

[122] Crus. II, 229.

[123] Besold. virg. sacrar. monim. docum. p. 131: in einem Wald bei Entringen; ebenso Petri Suevia ecclesiast. p. 318 und Sattler, topogr. Beschr. p. 305. Nach der Herrenb. Chron. p. 150: im Herrenberger Wald am Wässerle Meder, auf dem Weg von Hildrizhausen nach Kaih. Nach Petri Suev. um 1484 perinclytum, bewohnt von religiosis ordinem et institutum S. Pauli primi eremitae professis. Auch in Rohrhalden (gestiftet 1348) waren Pauliner-Eremiten.

[124] Sölbelin cf. oben Anm. 25. Ballmer und Kempter: Heiligen-Register. Cäsarius: Königl. Archiv. Lachmann: Crus. Collect. Ein Joh. Bachmann (vorher zu Pforzheim) ist 1526 Vikar zu Herrenberg. † 1534. Herrenb. Chron.

[125] Georg Kirchberger, aus Oestreich stammend, wo sein Vater Untermarschall war, noch 1555 (Haßler) Bürgermeister zu Rottenburg, uxorem nobilem habuit Annam Reisserinam ab Hohenentringen; nach ihrem Tod gieng er ins Kloster Rohrhalden; ihr Sohn heirathete ein Fräulein v. Frundeck. Crus. II, 116. Von

erbliche Burgwarte oder Burgbeamte der Ganerben?), deren letzter männlicher Abkömmling vor einigen Jahren als Büttel starb. Bei Stiftung der Universität Tübingen ist (1477) Reißer einer der ersten, der immatriculirt [126], und 1490 wird er der hochgelehrte Meister Hans Ryßer, Kilchherr und Dechant zu Entringen genannt [127]. 1500 gieng er zur Kirche zu Nußdorf ab, starb dort 1504 und wurde im Chor der Kirche zu Entringen begraben [128]. Vor seinem Abgang von Entringen hatte er seine Gemeinde mit einem für jene Zeit sehr bedeutenden Vermächtniß bedacht, worüber der Fundationsbrief 1504 am Montag nach St. Laurentiitag von Schultheiß und Richtern auf Pergament aufgesetzt wurde [129]. Weil aller Menschen Wesen als der Schatte vor der Sonne hingeht und dem Menschen allein seine Werke aus dieser Zeit nachfolgen, Gott dem allmächtigen und seiner l. Mutter Maria zu Lob und Ehr, auch seinen Vorvordern, Nachkommen und Verwandten und allen gutthätigen Seelen zu Trost und Hilfe, stiftet M. Raiser 300 Pfund Heller (nach Kreuzerwährung 214 Gulden 17 Kreuzer 2 Heller), welche, an Korn und Geld-Gülten angelegt und durch drei von Schultheiß und Richtern zu Entringen gewählte Pfleger aufbewahrt werden sollen, um davon bei harten Zeiten den hausarmen Leuten zu Entringen und zu Braitenholz, seinen Pfarrkindern, besonders aber seinen Angewandten und Gesippten, wenn sie es bedürftig werden sollten, Hilfe zu leisten, unter der Bedingung, für die Seele des Stifters zu beten. Jährlich an den vier Fron-Fasten (Quatembern) sollen ihm mit Vigilien, Seelmessen, Räuchern, Jahreszeiten, von dem Heiligen aber in der Gruft ein ewiges Licht gehalten, und dafür den fünf an die Pfarrkirche erforderten Priestern [130], welche alle Meß lesen, jährlich 2 Pfund und dem Heiligen 2 β gereicht werden. Würde der Wille des Stifters nicht vollstreckt, so solle die Stiftung an Stadt und Gericht Tübingen verfallen und auf St. Jakob (Spital) oder wo sie wollen, übertragen werden. Nach der Reformation

---

dem Wohlstand der Familie zeugen ihre vielen Stiftungen, sowie später (cf. unten) ihre Güterverkäufe. — [126], [127] fehlen im Manuskript.

[128] Crus. Collect. und Stiftsordnung f. 33 b.

[129] Stiftungsordnung des Fleckens Entringen, nach Inhalt der Reiserischen Fundation. 1664. Fol. Der Stiftungsbrief steht Fol. 44 ff.

[130] Eine Frühmesse am Altar der Jungfrau Maria war eingegangen; 1504 bitten der Abt von Bebenhausen, der Pfarrer von Entringen, Schultheiß und Richter, den Bischof von Constanz um Herstellung derselben. Crus. Chron. II, 285.

wurden jene „papistische Ceremonien" abgethan und statt der vier Jahreszeiten Reisers Gedächtnißtag mit einer Stiftungspredigt auf Johannis Bapt. gesetzt. Auch nachher waren es vorzüglich die Reiserischen (deren Aelteste nach der Fundation die besondere Aufsicht haben sollten), welche durch zum Theil sehr reichliche Gaben den Fond derselben verstärkten. Auch Jakob Grüninger, Schultheiß, welcher 1532 drei lange Malter Dinkels und 1 Pfund 15 β jährliche Gült (im Ganzen 77 Pfund oder 55 Gulden) dazu stiftete, jährlich am Osterabend auszutheilen [131], hatte eine Reiserin zur Hausfrau. Diese Grüninger waren, nächst den Reisern, die vornehmste und merkwürdigste Familie in Entringen. 1462 und 1465 kommen Güterkäufe von Jakob Grüninger, 1496 von Hans Grüninger zu Entringen vor. Sohn des Letztern war jener Schultheiß Jakob; er verkauft 1509 an den Herrenberger Spital die zuvor von Dr. Maichinger, Grav Eberhard's Leibarzt, verhandelte Hälfte der Kelter zu Braitenholz [132] und erscheint 1522, 26 und 1532 (?) als Entringer Schultheiß [133]; sein Tod scheint ins Jahr 1548 zu fallen. Geschwister von ihm waren: Conrad, Keller beim Stift zu Herrenberg; Agnes, verheirathet an Mich. Schärtlin, Forstmeister zu Schorndorf, Mutter Sebastian Schärtlin's, eines der berühmtesten Feldherren des 16. Jahrhunderts, der von Kaiser Karl V. in den Adelstand erhoben wurde; Ottmar, Bürgermeister zu Herrenberg (wie auch sein Sohn), Urgroßvater des berühmten Baumeisters Heinrich Schickard [134].

1514 breitete sich der Aufstand des armen Conrad über den Schönbuch bis zum Schwarzwald aus; Entringen scheint keinen Theil genommen zu haben, wenigstens wird von dem Tübinger Amt überhaupt gerühmt, daß es ruhig geblieben sei und zu Unterdrückung desselben sein Bestes gethan habe. 1519 im April lagerte das Heer des schwäbischen Bundes, welches den Herzog Ulrich aus seinem Lande vertrieb, auf seinem Zug von Stuttgart nach Tübingen fünf Nächte bei Entringen, vielleicht auch mit dem Schloß beschäftigt, da zwei Besitzer desselben, Wendelin v. Hailfingen und Sebastian v. Gültlingen, zu Hohentübingen für den Herzog in Besatzung lagen. Das schwere Geschütz wurde mit großer Mühe von

---

[131] Stiftungsordnung Fol. 48.
[132] Königl. Archiv u. Herrenb. Chronik.
[133] Nach Crus. Collect. kommen vorher noch Folgende als Schultheißen zu Entringen vor: 1488 H. Bisinger, 1512 Baltas Hans, 1520 Aberlin Schmid.
[134] Herrenb. Chronik p. 1310.

Entringen nach Tübingen gebracht und das Schloß schnell zur Uebergabe genöthigt; die Edelleute, welche es vertheidigt hatten, sollten ihre Lehen und Güter behalten. Das Heer kehrte auf demselben Wege nach Stuttgart zurück[135]. Immer wurde zwischen Stuttgart und Tübingen nicht der Weg über Waldenbuch, der erst in der Mitte des 18. Jahrhunderts practicabel gemacht wurde, sondern der längere, um den Schönbuch her, über Böblingen und Herrenberg, als Heerstraße gebraucht. Das Land, auch das Tübinger Amt, das nach dem Vertrag dem jungen Christoph hätte bleiben sollen, wurde von dem schwäbischen Bund dem Kaiser und dem Haus Oestreich übergeben; an der Spitze der von König Ferdinand niedergesetzten Regentschaft stand Rudolf v. Ehingen, Sohn des Ritters Georg. 1522 im März wurden durch den Keller W. Gilg die Bürger des Tübinger Amts mit der Glocke zusammengerufen, ihnen angekündigt, daß sie jetzt unter dem Kaiser stehen und die Huldigung abgenommen. Bei der zugleich stattfindenden Steuerrenovation wird angemerkt, daß zu Entringen (nach altem[136] Brauch) jeder Leibeigene, Mann oder Weib, jährlich auf Faßnacht eine Leibhenne (zwei leibeigene Eheleute mit einander nur Eine) zu reichen habe, welches jedoch Kindbetterinnen erlassen wurde. Bei dem Tod eines Leibeigenen wurde sein Vermögen gerichtlich angeschlagen und nach Bezahlung der Schulden von jeglichen 100 Pfund für ein Mannsbild 1 Pfund, für ein Weibsbild ½ Pfund unter dem Namen des Hauptrechts entrichtet[137]. Die Lasten der Leibeigenschaft waren genau bestimmt und wenig drückend, im Grunde bestand sie, da auch der Güter- und Menschenhandel allmählich aufgehört hatte, nur noch dem Namen nach. — Von Entringen sind bei der Huldigung der Schultheiß (Gröninger) und 13 Richter[138]. Dabei scheint es gleich andern Orten einen aus 6 Mitgliedern bestehenden Rath gehabt zu

---

[135] Steinhofer IV, 582, 86, 97.

[136] Crus. Chr. II, 199 f. und Collect.; in 3 großen Bänden war der Zins eines jeden Ortes verzeichnet.

[137] Ebenso in Herrenberg; außerdem gab jede leibeigene Person auf dem Amt jährlich zur Kellerei — 4 Kreuzer 2 Heller Mannssteuer.

[138] Crus. Collect. ihre Namen (ungefähr der angesehensten Familien des damaligen Entringen): Hans Schelling, Stefan Schürenbrand, Überlin Braitmaier, Bartlin Kaiser, Hans Ror, Conr. Hoder, Balthasar Riser, Abt Hans Giger, Jak. Heiden, Stefan Kloh, Jak. Blumenstein, Claus Rein, Ott Wilfing. — Sonst waren gewöhnlich nur 12 Richter. Von Braitenholz erschienen der Schultheiß, ein Richter und einige Bürger.

haben ¹³⁹. Ein Schreiber war schon 1490 daselbst (er stiftet zum Heiligen 1 Pfund 5 β Gült oder 25 Pfund Hauptgut) ¹⁴⁰. In zweifelhaften und wichtigen Fällen richtete und entschied der Vogt zu Tübingen. — Wie die meisten (?) Ortschaften hatte auch Entringen sein eigen Brauch und Recht. Im Handel und Wandel bediente man sich des Tübinger oder Herrenberger Meß, Währung, Eich ꝛc. Der Zinsfuß war mit seltenen Ausnahmen 5 vom 100; die Anleihe geschah in Form des Kaufs einer Gülte oder Rente, ablößig oder unablündbar. Zins-Briefe (gewöhnlich auf Pergament) werden erst zu Ende des 15. Jahrhunderts gewöhnlicher. — Entringen hatte seine eigene Badstube, da der Gebrauch der Bäder auch auf dem Lande allgemein war; auch die Mineralquelle, der Siechbronnen genannt, wurde benützt ¹⁴¹. — Nach Allem scheint Entringen kein unbedeutender Ort gewesen zu sein, wie selbst schon aus der für jene Zeit großen Kaufsumme von 5,800 Gulden zu schließen ist, durch welche Graf Eberhard blos die Theile der Ehingen und zweier Hailfingen an sich bringt, während außerdem noch andere Hailfingen, Gültlingen, Stadion, Oestreich und Bebenhausen Leute, Güter und Rechte daselbst hatten ¹⁴².

1525 wüthete der Bauernaufruhr rings um Entringen her; Bebenhausen wurde geplündert uud Dokumente in solcher Menge in den Bach geworfen, daß er stockte — ein auch für Entringens Geschichte empfindlicher Verlust! Den 9. Mai erstürmten die Bauern Herrenberg, flohen aber, als der Truchseß v. Waldburg vom Wurmlinger Berg, wo er sein Lager hatte, heraufkam und wurden bei Böblingen geschlagen. Schwerlich blieb Entringen so ruhig wie 1514; es galt dießmal zum Theil die Rückkehr des angeborenen Landesherrn und das lautere Evangelium, während noch wenige Jahre zuvor ein Meß-Pfaffe, Iselin von Rottenburg, der mit römischen Ablaßbriefen das Gäu durchzog, mit seiner Feder aus dem Flügel des Erzengels Michael in Entringen gute Geschäfte gemacht haben mag ¹⁴³.

[139] Königl. Archiv (in dem Streit 1468 zwischen Württemberg und Entringen). Die Sechser zu Entringen; die Sechs erwählten zu Entringen; Haltung gemeinsam und Rettung — halb in dem Etter daselbst.
[140] Heiligenregister von 1565.
[141] Alles nach den beiden ältesten Heiligenregistern.
[142] Zur Vergleichung: 1468 kaufen die Bubenhofen von Graf Ulrich die Stadt Gamertingen mit allen dazu gehörigen Dörfern und Weilern um 14,500 Gulden.
[143] Die lustige Anecdote bei Crus. II, 155.

§. 8. Die Reformation.

1534 kam Herzog Ulrich in sein Land zurück, siegte bei Lauffen, und vier Tage darauf (17. Mai) öffnete Tübingen ihm die Thore. Sofort wurde im Oberland unter Leitung des Constanzers Ambrosius Blaurer zur Reformation geschritten, die Bebenhäuser Mönche mit Pension entlassen und die Pfarrer, welche nicht das reine Wort Gottes predigen wollten, abgeschafft. Der Pfarrer zu Entringen, M. Bernhard von Horb, weigerte sich, der auch an ihn ergangenen Aufforderung zu entsprechen, und zog ab; an seine Stelle kam Johann Diftel [144], einer der vielen Schweizer, die Blaurer ins Land zog. Die Sache fand raschen Fortgang: im Frühjahr 1535 wurde die Messe abgethan, bald die Bilder aus der Kirche weggeräumt (der einzige, an den Katholicismus erinnernde Rest ist der steinerne, freilich in die Mauer eingebaute Weihwasserkessel vor der Thüre) und die Gemeinschaft der Waldbrüder aufgelöst, deren letzter zu Stuttgart im Spital starb [145]. 1536 wurde auf Verordnung ein gemeiner Kirchen- oder Armenkasten errichtet, in den Alles zusammengeworfen ward, was bisher der Heilige St. Michael zu Fabrick, Präsenz, Salve, Vigilien, ewigs Licht 2c. an gestifteten Gottesgaben bezogen hatte; das noch vorhandene älteste Register enthält das Verzeichniß derselben und wurde ohne Zweifel in Folge jener Verordnung abgefaßt. Braitenholz, bisher Filial von Entringen, wurde jedoch bei dem anfänglichen Mangel an evangelischen Predigern wahrscheinlich erst einige Jahre später davon getrennt und zu einer eigenen Pfarrei erhoben [146]. Als Blaurer, des Zwinglianismus verdächtig, zu Anfang des Jahres 1538 sich zurückziehen mußte, wurde bald, und wohl aus demselben Grund, durch die fürstliche Kirchenvisitation auch Diftel entfernt und statt seiner ein ächt lutherischer Pfarrer angestellt, der während seiner langen Amtsführung die Reformation Entringens vollendete und befestigte. M. Jost (Jodocus) Neuheller, oder wie er der Sitte seiner Zeit gemäß seinen Namen lateinisch übersetzte, Neobo-

---

[144] Das Allgemeine nach Scheurer u. a.; zu dem besonders über Entringen Angeführten liefern die Collectanea des Crusius einige Materialien.

[145] Petri Suevia eccl. l. c. und Herrenb. Chron.

[146] Grüninger's Stiftung von 1532 ist die letzte, welche zugleich auch für Braitenholz bestimmt ist; schon die nächste, von 1551, gedenkt desselben nicht mehr.

lus [147], war 1502 geboren zu Ladenburg bei Heidelberg, studirte, angezogen durch den Ruhm der Reformatoren, in Wittenberg, wo er drei Jahre Luthers Haus- und Tischgenosse war [148]. Wahrscheinlich mit Schnepf kam er nach Württemberg, wurde (1537?) Helfer in Tübingen und 1540 Pfarrer zu Entringen, wo er im September seine erste Predigt hielt — nach dem Zeugniß des Dr. Thummius, seines Schülers, ein frommer, gelehrter, besonders in den Kirchenvätern sehr bewanderter Mann [149]. — Im Winter 1546—47 mußte der Herzog sich dem Kaiser unterwerfen, den Mönchen die Rückkehr in ihr Kloster gestatten, die Meßpfaffen wieder einberufen und 1548 (in Tübingen erst im November) das Interim verkündigen lassen. Spanische Truppen lagen im Land (in Herrenberg seit dem April) und überließen sich jeder Ausschweifung. Neuheller weigerte sich, das Interim zu unterschreiben; der Horber M. Bernhard kehrte zurück, wurde aber von der Gemeinde mit Spott und Verachtung empfangen und konnte nicht bleiben. Der papistisch gesinnte Grüninger war gestorben, und Hans Keßler von Rottenburg, Schultheiß seit 1530, in der Religion meist neutral, ließ den Sachen ihren Lauf. Bald konnte Neuheller wieder auftreten. Eine sehr ehrenvolle Anerkennung fanden seine Verdienste, als im Oktober 1551 Herzog Christoph eine Gesandtschaft nach Trient abfertigte, dem dortigen Concilium das württembergische Glaubensbekenntniß zu überreichen, und dazu dem Dr. Jakob Beurlin den einzigen Neuheller beigab, um dieselbe auch aus den Kirchenvätern zu vertheidigen. Da wegen des Geleites Schwierigkeiten entstanden, kehrten sie im folgenden Februar zurück, wurden aber, sogleich verstärkt durch Brentius und einige andere Theologen, nochmal hingeschickt und blieben bis das Concil sich auflöste. Christoph machte dem bisher noch schwankenden Zustand ein Ende; die Messe wurde überall aufgehoben, in die klösterlichen Dörfer lutherische Pfarrer von dem Herzog gesetzt, da der Abt v. Bebenhausen, Sebastian Lutz,

---

[147] Verglichen wurde: sein Grabstein, eine deutsche Inschrift in Reimen auf der Orgel; einige (daraus gezogene) Notizen vorne im Taufbuch; besonders aber Fischlin memor. theologor. Wirtemb. p. I, 55, wo dem unter den damaligen württemb. Theologen zweiten Rangs ausgezeichneten Manne ein eigenes Capitel gewidmet ist; auch die Supplem. dazu, p. 59.

[148] Nach der Inschrift auf der Orgel und dem Taufbuch; Fischlin hat nichts davon. Die Inschrift ist gewiß spätern Ursprungs und die Angabe doch etwas zweifelhaft.

[149] Binder, Kirchen- und Lehrämter p. 403.

es nicht selbst thun wollte, dieser (1557) der Verwaltung enthoben und auf ein Victalitium gesetzt. Nach seinem Tod (1560) wurde Eberhard Bidenbach der erste lutherische, verheirathete Abt in diesem Kloster.

Indessen war Neuheller (1557) bei der neuerrichteten Klosterschule Herrenalb als Prediger und erster Präceptor der herzoglichen Zöglinge angestellt worden; sein Amt in Entringen versah Johann Steublin bis zu seiner Rückkehr (1560)[149]. 1563 wurde er mit Brenz, Andreä und Heerbrand beauftragt, ein Gutachten über einige schwenkfeldische Bücher zu geben. Er starb 1572 den 28. Juli und wurde zu Entringen im Chor der Kirche begraben. Sein Sohn, M. Johann Neuheller, dem er schon 1568 sein Amt übergeben zu haben scheint[150], war sein Nachfolger: ein leutseliger, gelehrter Mann und großer Liebhaber der Alterthümer, die ihm Stoff zu manchen abenteuerlichen Hypothesen gaben. Besonders beschäftigte er sich mit der Geschichte seiner Gemeinde, sammelte was er in alten Briefen und Denkmälern finden konnte, verfaßte (1606) eine (wohl Handschrift gebliebene) Ehingerische Chronik und theilte seinem Zeitgenossen und Freunde, dem Professor Crusius zu Tübingen, das Meiste mit[151], was dieser über Entringen und die Nachbarschaft in seiner Chronik beibringt, d. i. einen großen Theil dessen, was wir über die älteren Zeiten Entringens wissen. Seitdem (Johann Neuheller starb 1610) werden die Nachrichten seltener; auch darum, weil die wichtigsten Verhältnisse nun geordnet waren, wie sie bis auf die neueste Zeit fortbestanden, und Entringen im Ganzen die Einrichtungen und Schicksale des übrigen Landes theilte.

Das alte Ruralcapitel hatte sich getrennt, da ein Theil desselben (der Hohenbergische) katholisch blieb. 1547 wurden die Flecken des Amts Tübingen und des Klosters Bebenhausen zu einem neuen Dekanat vereinigt; der Dekan wurde Anfangs noch, wie früher, gewählt, die Nomination zu den Patronatpfarreien des Klosters Bebenhausen hatte seit der Reformation der Herzog an sich gezogen. General-Superintendent

---

[150] Daher werden Johanns Amtsjahre von 1568 an gezählt; so bei Binder; auch Crusius mit der Bemerkung: nachdem er vorher Vikar gewesen. Die Tafel auf der Orgel gibt 1562 als Jost's Todesjahr — gewiß falsch.

[151] Crus. Chron. II, 731. Nicht alles hat er in die Chronik aufgenommen; vieles blieb in seinen Collectaneen; von allem aber ist Joh. Neobolus als erste Quelle zu betrachten.

war der Stadtpfarrer von Tübingen, bis 1598 das Generalat Bebenhausen errichtet wurde. — 1565 war die Pflegschaft des heiligen Michael zu Entringen erneuert worden; auf Befehl des Vogts zu Tübingen, Inspectors des Klosters Bebenhausen, als Patron und Kastenvogt des Heiligen, wurden seine Güter, Zins, Renten, Gülten, Gerechtigkeiten ꝛc. neu untersucht, gerechtfertigt und beschrieben, durch Johann Druchlaub, Notarien, der Zeit verordneten württembergischen Renovator zu Bebenhausen und des ernhaften und fürnehmen Anthoni Druchlaub, Schultheißen [162], und im August 1566 in Beisein von Vier des Gerichts und Eines von der Gemeinde öffentlich verlesen. Während die Beiträge zu der Reiser'schen Armenstiftung noch reichlich floßen [163], waren, mit dem alten Glauben, für den Kirchenheiligen die Quellen versiegt. Außer den Naturalien beliefen sich seine Einkünfte an Geld auf ungefähr 100 Pfund Heller, also wenig mehr als zwanzig Jahre vorher, um so viel voluminöser auch das neue Register ist als das alte. — Alles wurde geordneter, aber auch einförmiger. Das besondere Recht des Fleckens Entringen verliert sich (1555) in dem gemeinen Landrecht; zugleich wurde ein allgemeines Landmeß und Eich eingeführt [164]. Die Schultheißen waren, da noch weniger von oben herab regiert wurde, die Gemeinden daher noch selbständiger waren, häufig angesehene Männer, die sich in der Welt umgesehen hatten — öfters Fremde: 1553 Hans Regel, ein kluger, rechtschaffener Mann, Bruder eines Kammergerichts-Assessors in Speyer; 1562 Anton Druchlaub, ein Hesse, der früher bei den Johannitterrittern auf Malta gedient hatte; 1588 Hans Hautmaier, ein Hofjäger, der aber wegen seiner Rohheit abgesetzt wurde; 1590 Heinrich Schwarz [165]. Mit Tübingen war lebhafter Verkehr; und wie der Aufenthalt von Edelleuten, so wirkte auch die Universität (sie hatte Güter in Entringen) [166] belebend. Manchmal machten Crusius und Frischlin

---

[162] Register des Heiligen von 1565. Fol.

[163] Doch waren auch hier durch die Reformation manche bisher sehr wirksame Triebfedern weggefallen. Im Eingang zu der Stiftung des Protestanten Balthasar Reiser 1551, verglichen mit den von dem Pfarrer Reiser angeführten Beweggründen, läßt sich einige Verlegenheit blicken. Stiftungsordnung Fol. 57.

[164] Seit 1556 kommt in den Schuldbriefen die Formel: nach des Fleckens Entringen Brauch und Recht, nicht mehr vor.

[165] Aus Crus. Collect.

[166] Die Herren der Universität zu Tübingen geben aus der Frumeß Wiß bei der Badtstuben 7 ß. Aeltstes Heiligenregister.

einen Spaziergang hinaus zu dem gelehrten Neobolus; zwei damals berühmte Juristen waren aus Entringen gebürtig: Dr. Conrad Dold und Dr. Joh. Schulter, der, 1552 geboren, 1582 in Tübingen die Würde eines Kanzlers bekleidete [157]. Die Stadion hatten ihren Amtmann daselbst; Gültlingen bewohnten das Haus Granek im Flecken; das Haus auf dem Schloß scheint um diese Zeit (wenigstens im 17. Jahrhundert) gebaut zu sein. 1609 verwandelte Balthasar v. Gültlingen den bisher von Hohenzollern zu Lehen getragenen Theil von Hohenentringen gegen Bezahlung von 1000 Gulden in sein Eigenthum [158]. Die Jagd im Schönbuch (sogar das Wolfsjagen [159]) mochte auch die Herzoge veranlassen, bisweilen den Ort zu berühren. Herzog Friedrich, nachdem er einen Streit zwischen Baden und Zollern ausgeglichen (etwa auch in Beziehung auf Entringen?), übernachtete daselbst im November 1594 mit seinem ganzen Gefolge [160]. Sein Günstling, der Kanzler Dr. M. Enßlin, machte 1599 und 1600 (auch von den Reifern) beträchtliche Güteranläufe in Entringen [161]. Uebrigens war der Schönbuch in Folge der Hegung des Wilds, der schlechten Wirthschaft und der steigenden Bevölkerung so übel zugerichtet, daß 1627 durch ein herzogliches Rescript die Schönbuchsfrevel geschärft, die in der Entringer und Mönchberger Huth seßhaften Schönbuchsverwandten wegen ihres Holzbedarfs an den Holzgarten zu Nagold verwiesen und verordnet werden mußte, den Seidelmaiern und Inhabern der Schlösser Boltringen, Pfäffingen, Entringen ꝛc. das Holz nur zur höchsten Nothdurft zu reichen. Bloß das abgefallene, liegende und winddürre Holz sollen die armen Leute, wie bisher, auflesen dürfen. Dieser Ordnung widersetzten sich die Schönbuchverwandten nachdrücklich: die Meisten haben keine eigene Communwaldung (auch Entringen? [162]) und wenn man gegen altes Herkommen auch das Lesholz so sehr einschränke, so müßten viele Hundert außer Lands ziehen, und besonders die armen Leute im Tübinger und Lustnauer Amt, welche

---

[157] Crus. Chr. II, 456. Fischlin vitae praecipuor. Cancellarior. Wirt. p. 14.
[158] Burgerm. thes. I, 357.
[159] Herrenb. Chron. a. 1624.
[160] Crus. Collect. Steinhofer I, 328.
[161] Königl. Archiv.
[162] Heiligenregister: ein Weingart im Pfaffenberg stoßt oben auf des Fleckens Entringen Holz.

sich mit Lesholztragen nähren, darunter leiden. Die Sache kam vor die fürstliche Kanzlei in Stuttgart, scheint aber damals nicht erledigt worden zu sein [163].

Entringen hatte sich in einem sechzigjährigen Zeitraum ununterbrochenen Friedens und einer im Ganzen väterlichen Regierung zu einer Bevölkerung und einem Wohlstand erhoben, von welchen sich die erstere nur nach einem Verlauf von 200 Jahren, dieser vielleicht noch nicht wieder hergestellt hat. Ungeachtet in jener Zeit die Pest öfters in der Gegend (auch in Tübinger Amtsorten) wüthete, war die Bevölkerung stark im Zunehmen [164]. 1622 zählte Entringen 573 Communicanten und 408 Catechumenen, welches, die kleinen Kinder mit $\frac{1}{6}$ hinzugerechnet, eine Gesammtzahl von 1144 Seelen ausmacht [165]. Die häufigen Spuren von Kellergewölben auf den Wiesen südlich vom Flecken beweisen, daß er einst auf dieser Seite hin ausgedehnter und vielleicht überhaupt größer war als jetzt.

§. 9. Dreißigjähriger Krieg. — Nachtrag.

Die traurigste Zeit unseres Vaterlandes war bereits im Anzug und Entringen an der Landstraße zwischen den Festungen Tübingen und Herrenberg, in der Nähe Bebenhausens, des Zankapfels zwischen Katholiken und Protestanten, an der Grenze der feindlichen Grafschaft Hohenberg, mußte besonders hart von ihr berührt werden. Pfarrer M. Burkard Magirus, obschon Theurung, Kriegslärm und Unsicherheit längst begonnen hatten, starb noch zur rechten Zeit (1627). Kaum hatte M. Johann Göbtfried sein Amt angetreten, als die Noth hereinbrach. Seit 1628 drückten die Durchzüge und Einquartirungen der kaiserlichen Truppen das Land, namentlich erpreßte die Leibwache Wallensteins, welche (1630) über ein Vierteljahr zu Herrenberg lag, große Summen, besonders von Bebenhausen. Unter ihrem Schutze wurde den 8. September durch kaiserliche Commissarien das Kloster den Mönchen wieder eingeräumt und in den zugehörigen Flecken die evangelischen Kirchendiener abgesetzt; ein

---

[163] Herrenb. Chron.
[164] Im Herrenb. Amt die Seelenzahl seit 1540 verdoppelt, in manchen Orten beinahe verdreifacht — immerhin ein Beweis des im Ganzen steigenden Wohlstandes; dazu die vielen beträchtlichen Stiftungen.
[165] Hausleutner's Archiv I, 20 f. aus den Pfarr-Relationen.

starkes Heer, das über Tübingen heraufzog, hielt diese Restitution aufrecht gegen die herzoglichen Protestationen. 1631 mit der Leipziger Schlacht wandte sich das Blatt; die Pfaffen entwichen, Schweden und Württemberger überzogen Hohenberg, eroberten Rottenburg und erzwangen von dem benachbarten Boltringen und Oberndorf (zum Theil noch Ehingisch) die Huldigung. Die Unsicherheit war schon so groß, daß kein Bauer mit einem Pferd sich auf dem Feld blicken lassen durfte, sondern mit Ochsen gepflügt werden mußte [166]. Die Niederlage bei Nördlingen (1634, 26. August) stürzte Württemberg in einen Abgrund von Elend. Zu Anfang September überschwemmten die kaiserlichen Völker die Gegend, hausten barbarisch und trieben unerschwingliche Brandschatzungen ein. Der Untergang der alten Kirchenbücher gerade um diese Zeit läßt vermuthen, daß auch Entringen irgend ein Unglück betroffen habe [167]. Schadenfrohe Nachbarn, entflammt von Religionshaß, reizten wohl gar die Wuth der grausamen Feinde. Es hat sich die Sage im Ort erhalten, wie die Boltringer herübergekommen seien, die Häuser und Aecker zu besehen, die sie nächstens in Besitz zu nehmen sich rühmten [168]. Das Schlimmste war ein fürchterliches Sterben, das gleichzeitig mit dem feindlichen Einfall (1634, September) einriß; im September und Oktober 1635 wurden in Entringen vier bis sechs bis acht Personen an Einem Tag begraben, und die Summe der Gestorbenen des ganzen Jahrs belief sich bis auf 240 Menschen [169]. Das Elend erreichte einen hohen Grad; alles wurde geplündert, zerstört, Vieh und Geschirr geraubt, kein Acker mehr gebaut; viele verschmachteten vor Hunger, die Gemeinden zerstreuten sich. Der Geistliche mußte bald da bald dort Zuflucht suchen, der Gottesdienst war oft lange unterbrochen, und die Kinder wurden an andern Orten getauft [170]. Die Sterblichkeit hatte

---

[166] Mehrere dieser allgemeinen Züge sind der in ihrer Art musterhaften Herrenberger Chronik entlehnt; über die Schicksale Entringens während des Kriegs fehlt es ganz an directen Nachrichten.

[167] Sämmtliche Entringer Kirchenbücher beginnen erst im Herbst 1634 und sind bis 1649 sichtbar erst nach dem Krieg soweit zusammengeschrieben.

[168] Auch die Herrenb. Chron. weiß davon zu sagen, wie die Rottenburger, Boltringer ꝛc. den Feind angehetzt, die Stadt zu plündern und die Einwohner niederzumachen.

[169] Entringer Todtenbuch.

[170] Taufbuch, Ueberschrift: die Kinder so währenden leidigen Kriegswesens zu Tübingen und andern Orten getauft worden.

etwas nachgelassen (1636 45, 1637 35 Todte); aber 1638, bei den verwüstenden Durchzügen [171] der geschlagenen baierischen und der siegreichen weimarischen Armee, raffte Hunger und Elend und die mit erneuter Gewalt um sich greifende Seuche von der sehr geschwächten Bevölkerung des Fleckens noch 79 Menschen weg, so daß sie sich 1639 nur noch auf 500 Seelen belief, und in den folgenden Jahren sank sie noch tiefer [172]. Erst 1643 trat wieder einige Erleichterung ein, obgleich die Durchzüge und Einquartirungen der fremden Kriegsvölker, Schweden, Baiern, Franzosen ꝛc. beständig fortdauerten; meist hauste der Freund so schlimm als der Feind; Schutzwachen mußten theuer bezahlt werden, begiengen selbst Unordnungen [173] und halfen im Ganzen wenig; noch kam es vor, daß Göbtfried wegen der um und umziehenden fremden Schaaren sich Monate lang auf dem Schloß aufhalten und daselbst taufen mußte [174]. Erst 1644 fing die Zahl der Geburten an, die der Leichen wieder etwas zu übersteigen (besonders 1646, wo geboren 20, gestorben 4). — Der 1648 geschlossene Friede wurde, nachdem die Heere allmälig abgezogen waren, 1650 verkündigt und mit einem rührenden Friedens- und Dankesfest, wobei Alles zu Beicht und Abendmahl gieng, gefeiert.

Der Wald war wieder hoch aufgeschossen und stand im herrlichsten Wachsthum; dagegen lag das Feld meist wüst, viele Weinberge waren abgegangen und wurden nie wieder hergestellt [175], viele Häuser waren zerstört oder verlassen, ganze einst angesehene Familien ausgestorben oder anderswohin verschlagen. Bürger und Gemeinde waren verarmt und verschuldet, Alles zerrüttet, der Besitzstand umgewälzt, Urkunden vernichtet, Rechte in Vergessenheit gefallen. Daher wurde 1657 auf Befehl des Abts von Bebenhausen und des Vogts von Tübingen ein neues Register über den Heiligen abgefaßt. Auch die Reiser'sche Stiftung war

---

[171] Zu Anfang des Jahrs 1638 erpreßten und ruinirten allein die Werth'ischen Reiter in Kaih für 6797 Gulden Werths; mehrere Personen wurden von ihnen verwundet. Herrenb. Chron.

[172] Hausleutner I, p. 20. Braitenholz hatte verhältnißmäßig weniger gelitten.

[173] Uneheliche Kinder von den in Salvaguardi liegenden Soldaten. Taufbuch.

[174] So 1647 vom April bis August. Taufbuch.

[175] Heiligenregister von 1657. Vor dem dreißigjährigen Krieg wurde bis über Herrenberg und Nufringen hinauf viel Wein gebaut. Die Gegend war seitdem auch rauher geworden; 1656 ist der Herzog bei Herrenberg auf der Auerhahnen-Falz. Herrenb. Chron.

ins Stocken gerathen; die Ansprüche der Braitenholzer, lange vergessen, wurden erst 1661 bei der Renovation durch Pfarrer Wagner (Göbtfrid war in diesem Jahre gestorben) wieder entdeckt und erregten einen Streit, der 1663 so ausgeglichen wurde, daß man die Stiftung zwischen beiden Gemeinden theilte, wobei die Braitenholzer sich mit 100 Gulden abfertigen ließen. Die schwachen Beiträge, welche seit dem Krieg diese Stiftung erhielt, beweisen, wie sehr die Kraft und vielleicht auch der Eifer zu solchen frommen Gaben abgenommen hatte [176]. Obgleich wieder eine ziemlich lange Ruhe folgte, schritt doch die Erholung sehr langsam vor; die Zahl der Ehen war unbedeutend (in den letzten Kriegs- und in den ersten Friedensjahren nicht über fünf jährlich; am stärksten nach den härtesten Kriegsjahren 1637, 39, 40 sechs bis acht bis neun); erst nach Verfluß von zwanzig Jahren (1669) erreichte die Zahl der Geburten wieder die Summe von dreißig. Die öffentlichen Lasten hatten sich einmal an einen höheren Anschlag gewöhnt und die Steuern waren besonders seit dem Ende des Jahrhunderts in fortwährendem Steigen. Dazu kam ein neues Unglück, das Entringen besonders betraf. Die Häuser waren noch mit Schauben (Stroh) gedeckt; 1685 den 1. März schlugen die Buben feurige Schauben; eine fiel auf ein Dach und 133 Gebäude giengen in Rauch auf, wobei viel Frucht und Vieh zu Grund gieng [177].

Die Lokalgeschichte hat ein Ende; die Nachrichten über die einzelnen Ortschaften werden seltener und die Mühe, sie aufzusuchen, weniger belohnend. Daher nur noch einige unzusammenhängende Notizen zur Geschichte Hohenentringens, die vielleicht gelegentlich vermehrt werden können.

Hohenentringen scheint zum Theil wenigstens von den Gültlingen (oder von den Stadion) an die Remchingen gekommen zu sein. An der Kirche ist ein Grabstein mit den zwei Wappen von Remchingen (zwei übereinander gelegte Scepter — ob vielleicht mit Beziehung auf

---

[176] Die letzte beträchtliche Stiftung (220 Gulden) ist vom Jahr 1633. Stifts-Ordnung.
[177] Herrenb. Chron.

das Gültlingische Erbkämmereramt? [178]) und von Gültlingen (drei Adler mit einem Halbmond).

Unter den Besitzungen der Moser v. Filsek wird auch das Schloß Hohenentringen angeführt. Joh. Jak. Moser weiß nicht, wie es an die Familie gekommen ist, vermuthet aber durch Heirath des Ludwig Moser, Obervogts zu Nagold (geb. 1598, gest. 16..) mit einer v. Remchingen, deren Tochter es wieder an andere verkaufte [179]. Kürzlich fand sich in einem Bauernhause zu Entringen, wo nach der Sage ein adeliches Fräulein wohnte, das einen gemeinen Mann heirathete, eine blecherne Tafel, worauf die Wappen der Remchingen und Gültlingen mit dem Moser'schen Steinbock gemalt, mit der Unterschrift: Ludwig Moser von Filseckh; Anna Katharina Moser von Filseckh, geb. v. Remchingen. 1652.

1703 starb [180] Herr Johann Ulrich v. Remchingen zu Pfäffingen von dem uralten hochadelichen Geschlecht derer von Remchingen auf Hohenentringen, Ausschuß einer freien Reichsritterschaft in Schwaben. In der Kirche zu Entringen ist ein von einem Remchingen gebauter Herrschaftsstuhl.

1732 refutirten die Gültlingen ihr württembergisches Lehen [181] zu Entringen, das nun incorporirt wurde, gegen ein Lehencapital von 1500 Gulden bei fürstlicher Landschreiberei. Das Erbkämmereramt behielten sie bis auf die neueste Zeit als württembergisches Lehen [182].

Das Schloßgut Entringen wechselte noch öfter seine Besitzer. Zu Anfang des 18. Jahrhunderts erkaufte es Herr v. Schandernall zu Augsburg [183].

1786 den 13. Mai wurde es von Hofrath Zeller an den herzoglichen Kirchenrath verkauft [184].

---

[178] Sind vielleicht die Remchingen von den Gültlingen abgestammt? Sachs, Geschichte von Baden II, 283 kauft Gumpold v. Gültlingen 1429 von Baden Schloß und Dorf Remchingen.

[179] J. Jc. Moser, erläutertes Wirtemberg, Thl. 1 (1729), p. 69.

[180] Entringer Todtenbuch.

[181] Scheffer, chronolog. Darstellung, p. 213.

[182] Eberhard Friedrich v. Gültlingen Revers gegen Herzog Eberhard Ludwig. Im königl. Archiv. Noch 1828 wurde Heinrich Albrecht v. Gültlingen mit dem Erbkämmereramt belehnt.

[183] Burgerm. thes. I, 357 f.

[184] Königl. Archiv.

So weit Haug. Wir haben aus der im Jahr 1855 erschienenen Beschreibung des Oberamts Herrenberg noch nachzutragen, daß im Jahr 1830 das Schloßgut Entringen an den Kreisoberforstmeister v. Plessen verkauft worden und von diesem im Jahr 1846 gleichfalls durch Kauf an den jetzigen Besitzer Grafen v. Taubenheim übergegangen ist.

Auch die erwähnte Oberamtsbeschreibung von Herrenberg widmet der Geschichte von Entringen einen verhältnißmäßig größeren Raum von Seite 178 bis Seite 183. Obwohl dieselbe aber 25 Jahre später bearbeitet ist als die vorstehende Monographie Haug's, enthält sie doch wesentlich die gleichen Daten und wird hieburch, da die Angaben in der Oberamtsbeschreibung auf den Forschungen des neueren, auf dem Gebiete der württembergischen Specialgeschichte besonders bewanderten Historikers Stälin beruhen, die sorgfältige Gründlichkeit Haug's auch bei dessen Quellenstudien auf's Schönste bewiesen.